社会工作
项目策划与实施

丁美方 ◎主编

SHEHUI GONGZUO
XIANGMU CEHUA YU SHISHI

中国社会出版社
国家一级出版社 · 全国百佳图书出版单位

图书在版编目（CIP）数据

社会工作项目策划与实施 / 丁美方主编 . -- 北京 ： 中国社会出版社，2024.3（2024.10 重印）
ISBN 978-7-5087-6976-9

Ⅰ. ①社… Ⅱ. ①丁… Ⅲ. ①社会工作－研究 Ⅳ. ①C916

中国国家版本馆 CIP 数据核字（2024）第 020990 号

社会工作项目策划与实施

出 版 人：程　伟
终 审 人：王　前
责任编辑：姜婷婷
装帧设计：尹　帅
出版发行：中国社会出版社
（北京市西城区二龙路甲 33 号　邮编 100032）
印刷装订：北京九州迅驰传媒文化有限公司
版　　次：2024 年 3 月第 1 版
印　　次：2024 年 10 月第 2 次印刷
开　　本：170mm×240mm　1/16
字　　数：270 千字
印　　张：16
定　　价：49.00 元

客服热线：（010）58124852　投稿热线：（010）58124812　盗版举报：（010）58124808
购书热线：（010）58124841；58124842；58124845；58124848；58124849

前言

社会工作是一门以人为本，以服务社会为宗旨，以专业知识和技能为工具，以促进个人、群体和社会的福祉为目标的应用学科。开展社会工作专业服务、项目策划与实施是社会工作者必备的一项专业技能。它需要社会工作者具备丰富的专业知识，掌握项目策划与实施的过程，有针对性地根据项目的需求和服务对象的情况去开展相关工作。社会工作项目的策划与实施涉及项目的目标、需求、资源、环境、内容、形式、方法、活动、评估等多个方面，每个方面都需要社会工作者进行仔细的分析和规划，以确保项目的可行性、合理性、有效性和可持续性。

本书坚持产教融合，校企“双元”开发，由高校社会工作专业教师与社会工作服务机构资深实务人员合作编写，基于社会工作项目策划与实施的理论基础和实践经验，采用任务驱动引领、促进工学结合及实施“教、学、做”一体的教育模式，通过“情境导入”“任务要求”“知识准备”“任务实施”“拓展练习”等模块，为社会工作者提供一个从理论到实操再到具体案例分析的系统指导，帮助社会工作者掌握社会工作项目策划与实施的专业技能，提高社会工作项目的实践水平和服务质量。

本书共包括三个部分七个项目。第一部分是社会工作项目策划与实施的基础，包括项目一社会工作项目认知，项目二项目需求评估；第二部分是社会工作项目策划与实施的内容和技术，包括项目三项目策划，项目四项目立项与评审，项目五项目实施与管理；第三部分是社会工作项目策划与实施的监管和推广，包括项目六项目评估，项目七项目品牌建设与推广。

本书由广东省外语艺术职业学院丁美方担任主编，范邕担任副主编。编写分工如下：

项目一：程航，广东医科大学；黄文昌，中山市扬帆社会工作服务中心。

项目二：范邕，广东省外语艺术职业学院；陈露，佛山市南海区扬帆社会工作服务中心。

项目三：林洁，广东省外语艺术职业学院；樊要朋，广东司法警官职业学院。

项目四：丁美方，广东省外语艺术职业学院；古少玲，中山市扬帆社会工作服务中心。

项目五：蔡榆，广东机电职业技术学院；陈诚惠，广东省外语艺术职业学院。

项目六：刘建，东莞城市学院；刘小娟，东莞市童伴文化传播咨询有限公司。

项目七：李敏，广州市番禺区工商职业技术学校；罗廷贤，广州洋城社会工作服务中心。

广东省外语艺术职业学院丁美方、广东司法警官职业学院樊要朋对全书进行了统稿和审定。

本书的编写也得到了许多专家和同行的指导和帮助，在此表示衷心的感谢。由于编者水平有限，加之时间仓促，本书难免出现疏漏或有待改进的地方，敬请广大读者批评指正。

编　者

2023 年 12 月 12 日

目 录

1

项目一 社会工作项目认知

【项目导学】

现代的社会服务大多数是以项目的形式开展和运作的。根据服务对象需求开展的社会工作项目，能很好地帮助服务对象。了解社会工作项目，能很好地进行项目管理，这是社会工作者的一项重要职责。因此，从这里开始，将从一般意义上对社会服务项目的内容进行一些说明，帮助社会工作者学习和掌握社会工作项目的基本常识，让社会工作者能正确区分并认知项目和社会工作项目，为进一步更好地开展社会工作项目做好准备。

【项目学习目标】

知识目标

❶ 了解项目的概念、特点、要素。
❷ 掌握社会工作项目的概念、特点、原则、类型。
❸ 了解社会工作项目发展。

技能目标

❶ 能够正确区分项目和社会工作项目。
❷ 具备管理社会工作项目的能力。
❸ 能够掌握社会工作项目运营的步骤。

职业素养目标

❶ 培养学生敏锐的观察力，提高学生自我觉察和自我接纳能力。
❷ 树立学生坦诚、自然、令人信任的态度，提升学生团队协作能力。
❸ 增强学生对社会工作专业的认同感。
❹ 强化学生的社会工作专业使命感和价值观。

任务一 项目认知

情境导入

李嘉诚基金会“人间有情”全国宁养医疗服务计划

项目简介：

李嘉诚基金会于1980年在香港成立。其宗旨是资助教育、医疗、文化、公益等慈善事业。1998年11月18日，李嘉诚基金会捐资予汕头大学医学院第一附属医院创建国内首家宁养院，成功探索出以家居服务为重点的宁养医疗服务模式，引起了社会的强烈反响，取得了良好的社会效益。宁养院是由李嘉诚先生亲自倡导、命名和捐资创立的，是免费上门为贫困的晚期癌症患者提供镇痛治疗、护理指导、心理辅导、哀伤支持、社会资源链接、志愿者服务以及开展临终关怀知识宣传教育等服务的医疗慈善机构。

2001年1月，为惠及更多贫困的癌症患者，在试点成功的基础上，基金会与国内19家医院合作建立宁养院，“‘人间有情’全国宁养医疗服务计划”（以下简称宁养项目）正式实施。宁养项目秉承“造福患者，造福社会”的理念，宗旨是“以人为本，全人服务”，致力于提高贫困晚期癌症患者的生活质量，推动国内纾缓医学和宁养医疗服务事业的发展，促进社会对晚期癌症患者的关怀与支持。

宁养项目是基金会长期支持的项目，截至2020年6月30日，基金会累计捐款逾7.8亿元人民币，每年捐资约5200万元人民币，前后共资助30多家医院成立宁养院，年服务患者约1.6万人，总服务患者逾21万人，累计服务超过307.5万人次，发展宁养志愿者超过2万人，提供志愿服务逾59.3万小时。

项目宗旨：

以人为本，全人服务，提高贫困晚期癌症患者的生活质量。

服务目标：

1. 缓解癌症疼痛及不适症状，使晚期癌症患者在人生的最后阶段能活得有意义、有尊严。

2. 给晚期癌症患者提供身体、心理、灵性、社会的全面照护，减轻患者家属失去亲人的痛苦，做到生死两相安。

服务对象：贫困晚期癌症疼痛患者。

服务特点：免费、家居、“身、心、灵、社”全人服务模式。

服务内容：镇痛治疗、护理指导、心理辅导、哀伤支持、社会资源链接、志愿者服务等。

任务要求

请结合本情境，谈谈你对项目的概念、特点和要素的理解。

子任务 1 项目概念

工作任务

1. 通过课前阅读、文献查阅，收集对各类型项目的不同定义。

2. 通过小组讨论确定或拟定一个本小组比较认可的定义。

知识准备

人类从事的经济和社会活动不但有性质上的区别，而且有时也有形态上的区别。所谓性质上的区别是指人类活动的领域不同、目的不同，活动的内部逻辑也不同，比如经济活动、政治活动、社会服务在性质上是有差异的。至于形态上的区别则是指人类的这些活动在表现形式、活动方式上的不同，比如有的活动是个人单独进行的，有的是集体进行的；有的活动边界并不太清晰，从而使活动具有较强的延展性，而有的活动则比较具体和集中，这主要表现在人力投入、资源运用和时间安排等方面。从这些内容可以看出，现代社会的许多经济活动、政治活动和社会服务活动的组织性、目标的明确性和活动边界的清晰性都比较明显。在一定程度上，它们可以相对独立地存在、被辨认和运行，并在实践活动中人们常常称之为项目。项目（Program）是指在一定时间内为了达到特定目标而调集到一起的资源组合，是为了取得特定成果而开展的一系列相关活动。综上而言，本书认为项目就是在限定的时间和资源下，通过完成预定的活动，达到项目所设计的预期目标。

子任务 2 项目特点

工作任务

1. 通过课前阅读、文献查阅，收集不同项目介绍。
2. 通过小组讨论总结项目的主要特点。

知识准备

项目特点包括以下 5 个方面。

一、明确的目标性

就项目目标设计而言，需要遵守 SMART 原则。

明确具体（Specific）：在项目设计之初要确定具体目标，包括项目开展过程中的各项活动、指标、评估内容等，并且必须是具有实际可操作性的。

可测量性（Measurable）：项目中的各项活动指标是以数量化或者行为化形式所呈现的，并且验证这些指标的数据或者信息是可以获得的。

可到达性（Attainable）：设计项目的各项活动内容、考核指标都是符合项目群体的，可以使得服务群体通过一系列活动或者努力达到，要避免设计过高的门槛。

相关性（Relevant）：项目中各项活动及内容需要与项目主题具有关联性。

有时限性（Time-bound）：每一个项目的资金提供者都会对项目存在心理预期，尽管其结果可能是实体性产品或者无形的服务性产品，但无论哪一类型的项目，其目标都会受到一定条件的制约。

二、资源有限性

每一个项目都需要依靠充足的资源来实现。当然，这里所说的资源概念是较为宽泛的，它既包括项目所需要的人力、财力和物力，也包括组织所具备的核心能力，以及组织外部各种社会关系等非物质的资源。例如，通常一个项目的落地和执行就需要动员很多组织的外部关系资源，这对于项目负责人来说，就是要在有限的资源与能力约束的基础上，充分发挥资源的效率，创造出最好的结果。但是从资源利用主体的角度来说，项目资源配置首先要考虑的因素应该是人的问题，因此项目负责人应该熟悉所拥有的人力资源，使人尽其才，发挥优势。其次，项目若有时间限制和预算要求，则有限资源和项目需求的矛盾是必然存在的，要想做到项目需求和可运用的资源恰好匹配，不是易事。在实际运作项目过程中，经常会出现资源需求和可利用资源不匹配的情况。例如，在开展社会工作服务项目的过程中，社会工作者突然发现，原来的项目设计存在一定的问题，需要投入更多的人力，这也就使得整个项目原本可以运用的资源安排出了问题。

三、具有唯一独特性

每一个项目都是独特和唯一的，项目计划中一定含有之前仍需解决的问题，这是因为它是独特的。在实际操作中，虽然不同的产品或服务项目有很多相似性，但是它仍然可以是唯一的。例如，李嘉诚基金会“人间有情”全国宁养医疗服务计划项目在全国各地合作开办了很多家宁养院，但因为它们可能有着不同的合作单位、不同的办公地点、不同的项目运作团队等，使得每一家都是独特的。

四、整体性

项目是一个独立的、开放的系统，是为了完成项目的特定目的和目标而展开的多项任务和资源的整合，是一系列活动的有机整体，是一个完整的过程。一切将项目的内部不同构成分开进行决策的做法，都很可能导致决策失误，最终使项目以失败告终。而一个有价值的项目应该能够提供购买方要求的证据，而且这些证据是能够被收集到的，并且购买方的评估要求能够在实践层面影响项目的产出和效果。

五、时间限制及预算限制

项目具有明确的时间起止点，规定在相应的时间内完成项目的开展并结项，同时项目具有一定的预算限制，在开展项目的过程中使用的金钱不能超过立项时的总预算。

子任务 3　项目要素

工作任务

1. 通过课前阅读、文献查阅，了解项目的要素。
2. 通过小组讨论，确定项目要素的内涵。

知识准备

为实现项目预期的目标，项目负责人应该谨慎考虑和运用影响项目开展的 6 个要素，即项目的范围、组织、质量、时间、成本和环境。这 6 个要素是一个相互联系的整体，为实现项目的可持续发展，必须确保这 6 个要素之间相互匹配。这是项目管理人员应该特别注意的基本内容。

一、具有范围性

项目的范围是对项目完成内容的陈述。通常而言，可以通过界定项目的交付标准去明确项目的范围。例如，在社会工作服务招标项目中，范围通常叫作“项目内容”，例如，中山市某区社会事务局居家养老上门服务采购项目就将项目内容细化为服务对象和服务内容等。在工程类项目中，范围通常叫作“工作说明”。此外，范围还包括项目背景、范围陈述、项目启动文件、项目需求调查表等。对项目负责人来说，项目范围的界定不但明晰了要做什么，同时也明确了不要做什么的标准。在项目实际执行过程中，后续的项目工作都是以项目范围作为基础的，这是因为项目范围界定的正确性至关重要，如果没有范围的界定，项目将会永远做不完。因此，在承接某一项目的初期，一定要严格界定和控制项目的范围，否则会出现吃力不讨好的局面。

二、具有严密的组织

项目的组织是对项目运作的人员配备、工作职责、组织结构、管理流程及组织文化的总称。首先，项目作为独立运作的活动，需要一个相对独立的团队合作并加以完成。其次，项目发起者应根据项目的专业需求进行人员配备，按照项目管理的流程进行岗位和工作职责的设计，与此同时，还必须根据管理需求构建相应团队的组织结构。这一做法不仅有利于项目的自身管理，而且也利于与项目发起者之间的关系协调。最后，为了创造更有利的工作环境，项目管理团队还需建立相应的组织文化，凝聚力量，激发项目组成员的创造性和积极性。

三、追求质量

一个项目的完成质量是对项目完成后是否达到购买方所要求的性能的描述。简单来说，就是以此作为检验项目是否合格的标准。人们通常所说的项目质量，一般是指“性能质量”，它包括项目的主要特性及运用水平等。项目质量的界定一般会在相应范围交付物的标准中加以明确，同时包括各种特性及使这些特性得到满足时的具体要求的界定。另外，在一些情况下还可能对项目的过程有明确要求。例如，规定过程应该遵循的规范和标准，并要求提供这些过程得以有效执行的证据。由于项目质量控制事关项目的成败，因此在设计和界定项目质量的时候，应考虑到完成标准所需要的能力和资源限制，以制定相应的项目质量控制体系。

四、有时间限制

项目的时间规定主要体现在项目的进度控制和周期管理上。项目资金提供方一般会给出项目完成的时间框架或者时间节点，在一定程度上，成本和时间成反比，完成项目的时间可以减少，但随之而来的就是项目成本增加的结果。同时与项目时间有关的因素可以称为“进度计划”，进度计划不仅说明了完成项目工作范围内所有工作所需要的时间，还规定了每个活动的具体起止时间。项目管理的目的在于尽可能高效率地使用分配给项目的时间，以便项目能顺利完成。

五、项目成本限制

项目成本是衡量一个项目是否开展成功的一个重要且关键的指标。成本和费用两者之间紧密相关。每一个项目在项目申请时就有拟订预算，项目总成本以预算为基础，在项目结束时的最终成本必须控制在项目初定的预算内。因此，对于项目负责人来说，有必要进行费用控制来降低成本。在项目策划的阶段，购买方只能简单地提供项目花费的模糊数字，这一数字需要项目策划人员利用已有的资料，进行准确预测。项目策划人员应该提供一份完整且详细的项目计划书，项目计划书中要包含项目成本的总预算和详细的项目预算表，并列明人力费用、服务费用、材料费、税费和管理费、行政办公费用、保险等。对社会工作服务等项目来说，人力成本是主要成本。

六、项目环境影响

项目的环境对于项目是否能成功落地并顺利开展而言至关重要，它是项目所处的宏观环境、中观环境与微观环境的总称。其中，宏观环境主要指政策环境；中观环境主要指项目所处的行业环境，包括政府部门、消费者（服务对象）、竞争者等；微观环境主要指项目发起组织的内部环境。总体而言，宏观环境和中观环境是项目的外部环境，微观环境则是项目的内部环境。对于项目负责人而言，需要注意内外部环境的相互匹配，能够让项目负责人在发挥组织优势的同时，把握市场机遇，扬长避短，以实现项目目标。

任务二 社会工作项目认知

情境导入

四川省民政厅向社会征集社会工作项目 各项最高补助 20 万元

留守儿童、老年人、残疾人、困难群众……四川省民政厅向社会征集省级 2018 年度社会工作服务储备项目，各项目申请补助资金原则上不超过 20 万元。

“我们将补助各地，开展一批面向农村留守儿童、困境儿童、孤残儿童、社会功能失调的老年人、残疾人、困难群众、优抚对象等民政服务对象的社会工作项目。”省民政厅相关负责人表示，此次补助对象包括一批社工介入脱贫攻坚项目、救灾领域社会工作项目及“三社联动”社会工作项目。

【八大项目领域】

1. 儿童关爱社会工作项目

依托城乡社区或民政事业单位，开展农村留守儿童、困境儿童、孤残儿童社会工作专业服务，引导社会工作专业人才深入乡镇（街道）和农村社区、基层民政事业单位，充实基层关爱儿童工作力量，因地制宜确定社会工作专业人才参与儿童关爱保护的范围、程度和方式，并协助做好救助保护工作、配合开展家庭教育指导、积极开展社会关爱服务等内容，有序参与儿童关爱保护工作。

2. 社会救助社会工作项目

依托城乡社区或民政事业单位，建立健全社会工作服务需求发现报告机制、服务承接机制和服务转介机制，为困难群众服务（含最低生活保障、特困人员和临时救助对象）提供基本生活救助绩效评价，为特困人员提供自理能力评估、社会融入服务、能力提升服务、心理疏导服务、资源链接服务、救助政策宣传倡导服务，为构建现代社会救助体系提供支持。

3. 老年社会工作项目

依托城乡社区或民政事业单位，开展居家养老或机构老年人社会工作专业服务，对老年人能力进行标准化、专业化、可量化评估，并在此基础上统筹协调社区日间照料中心、各类养老服务机构、医疗卫生服务机构、各类涉老社会组织和服务性企业等资源，为散居或福利机构内老年人提供丰富多彩的关爱服务。

4. “三社联动”社会工作项目

以城乡社区为依托，推进社区、社会组织、社会工作“三社联动”，形成社区组织根据居民需求统筹设计服务项目、社会组织和专业社会工作服务机构承接、专业社工实施项目的模式，为社区居民及家庭提供服务。社会工作服务机构与社区“两委”协调配合，形成社区治理合力，促进社会组织、社会资源和各类社区主体有序参与，增强社区治理的专业能力，提升社区服务专业化水平，增强社区发展能力和凝聚力，促进社区文明、和谐与稳定。

5. 灾害领域社会工作项目

在灾害频发地区或灾后恢复重建地区开展社会工作专业服务，协助进行受灾群众信息核查评估，提供社会心理支持，同步开展灾后恢复重建能力建设和防灾减灾教育工作，调动居民参与，培育本土防灾减灾力量，构建人人参与的社区减灾防灾环境与氛围，提升社区应对风险的水平与能力。

6. 康复社会工作项目

依托民政系统事业单位，充分利用康复机构资源中心的力量和各种社区资源，联合跨专业团队，针对伤残军人、残疾人、精神病人及其照管者开展康复社会工作专业服务，通过综合能力提升、心理支持、社会性支持体系建设等服务，提高服务对象能力，恢复和完善服务对象及其家庭的社会功能。

7. 社会工作介入脱贫攻坚项目

社会工作服务机构在贫困地区（国家扶贫开发工作重点县、集中连片特困地区覆盖县和国家深度贫困地区覆盖县）党委、政府领导下，围绕脱贫攻坚的实际需求，运用社会工作专业方法，重点开展贫困群众救助帮扶、贫困群众脱贫能力建设、促进易地搬迁贫困群众融合适应、贫困地区留守儿童及其他特殊困难人群关爱保护等相关服务，激发贫困群众内生动力，帮助贫困群众建立健全社会支持系统，恢复和发展社会功能。

8. 社会工作服务督导和评估项目

督导项目：引入第三方专业机构，组织经验丰富的督导团队对当年度所有省民政厅确定的社会工作项目的实施过程提供全程专业督导，对项目执行进行指导和提供专业支持，确保社会工作项目的专业性，促进社会工作服务机构能力发展。

评估项目：引入第三方专业机构对所有省民政厅确定的社会工作项目进行过程评估和结果评估，对项目实施进度、完成情况、服务满意度及服务成效、财务管理、组织能力建设、项目综合效益、社会宣传等方面进行综合评估，评估结果将作为继续支持项目和各类评优推先重要依据。（资料来源：红星新闻，2017-12-06）

任务要求

1. 认识社会工作项目及其特点。
2. 了解社会工作项目原则和类型。

子任务 1 社会工作项目概念

工作任务

1. 通过课前阅读、文献查阅，了解社会工作项目的内涵。
2. 通过小组讨论，区分一般项目与社会工作项目。

知识准备

社会工作项目是社会工作和项目管理两种专业运作手法的结合。社会工作是社会建设的重要组成部分，是经济、社会发展到一定历史阶段，国家为解决社会问题、化解社会矛盾、完善社会福利、促进社会和谐所开设的一项重要学科。项目管理是运用科学的方法对项目进行系统管理，在目标、时间、人力、资源等特定的条件下，高效、系统地完成项目实施，以达到项目目标的专业行为。项目管理引进社会工作领域，一方面体现了现代社会工作领域的专业化发展的要求，另一方面也是社会工作自身专业化深入发展的必然要求。

通过开展并完成预定活动最终促使项目达到预期目标。例如，社会工作服务机构经常承担福利性质的项目。社会福利是由国家提供的包括收入保障和社会服务两大类型的福利。收入保障包括社会救济和社会保险；社会服务包括社区、教育、就业、住房、矫正等领域，覆盖的人群包括儿童、妇女、老人、残疾人、少数民族、行为偏差者、流浪人员、流动人口等，因此每个公民都是社会福利的接受者。社会工作项目是针对上述两大类内容开展的福利供给服务，是以项目的形式进行的福利服务管理。因此，社会工作项目是专业的社会工作者为满足社会成员的需要，特别是针对社会救济和社会服务领域，遵循社会工作专业价值观和伦理原则，运用社会工作的专业方法，开展的有周期性的服务活动。

子任务 2 社会工作项目特点

工作任务

1. 通过课前阅读、文献查阅，了解社会工作项目的特点。
2. 通过小组讨论，结合实际案例分享社会工作项目的特点。

知识准备

项目不论其大小和类型，都会具有一定的共同特点。社会工作项目既带有一般项目的普遍特点，又带有公益性项目自身的特点，如公益性、时间性和系统性、项目效果不容易测量、具有明确的目标、资源成本的约束性、项目的确定性、项目有特定的委托人等。

一、公益性

社会工作以“助人自助”为宗旨，其项目在设计时具有公益性的特点，秉承服务服务对象的原则，践行社会工作专业价值观和伦理原则，运用社会工作专业方法开展服务。

二、时间性和系统性

社会工作项目在运作过程中具有一定的时间特征，一般以一定的时间为周期开展服务，并且服务具有系统性，包括个案、小组、社区活动等内容，在具体服务中都极具逻辑性。

三、项目效果不容易测量

评判项目效果的一个重要标准是项目所设立的目的和目标是否达到。然而，由于社会工作项目涉及面非常广，项目界限又具有模糊性等因素，这导致项目效果不容易测量。

四、具有明确的目标

项目运作所要达到的目标是明确的，其结果既可能是一种期望的产品，也可能是一种所希望得到的服务。通过项目运作可以初步解决具体的问题，比如，能量驿站——单亲贫困母亲的救助项目，就是通过社会工作专业手法制定明确的目标，从而解决单亲贫困母亲问题。

五、资源成本的约束性

每一个项目都需要依托各种资源来实施，而资源是有限的，而且在项目实施之前，就已经有项目经费的预算，可是项目实施过程中资源的使用又是可控的，所以预算外支出的比重一般较小。

六、项目的确定性

项目必定有明确的目标。在项目的具体实施中，外部和内部因素总是会发生一些变化，当项目目标发生实质性变动时，它就不再是原来的项目了，而是一个新的项目，因此说项目的目标是确定的。比如，单亲青少年社会交往问题已经解决，如果在解决问题中，发现单亲青少年存在就业问题，这就是另外一个项目需要解决的问题。

七、项目有特定的委托人

实施项目方是特定的委托人委托实施方来开展工作的。具体项目是由实施者设计，即实施方与委托方存在委托代理的关系，并不是同一角色。委托方对实施方开展的服务可以进行监督，同时在项目结束时通过进行项目评估，以了解项目实施的效果，并对实施方进行最终的评价。

子任务3 社会工作项目原则

工作任务

1. 通过课前阅读、文献查阅，了解社会工作项目的原则。
2. 通过小组讨论，思考如何在社会工作项目运作时遵守原则。

知识准备

社会工作项目设计需要遵循的原则包括：可行性、经济性、社会效益最大化。

一、可行性

社会工作项目需要具备可行性，应当遵循国家的法律法规和当地的政策要求，其拥有的资源和技术能够支撑社会工作项目的开展，并且当地的文化能够接受项目的开展。

二、经济性

经济性是指不浪费项目的经费，要有节约意识，做到非必要不支出，不开展华而不实、铺张浪费的项目活动，以体现社会工作项目的经济性。

三、社会效益最大化

从系统的角度而言，社会工作项目的开展要实现服务对象利益最大化。整个社会福利是增加的，社会工作者在帮助某一类困难群体的时候，要做到尽量不伤害其他群体的福利，实现双赢或多赢，并且需要注意避免产生新的、更为严重的问题。

子任务 4　社会工作项目类型

工作任务

1. 通过课前阅读、文献查阅，收集社会工作项目。
2. 通过小组讨论确定所收集的社会工作项目的类型。

知识准备

社会工作项目一般分为服务型项目、评估型项目和研究型项目。

一、服务型项目

服务型项目，指直接提供具体内容的福利服务项目，这类项目特别强调特定的受益群体或具体的受益范围，如残障人士服务、青少年成长服务、临终关怀服务等。它对人群的数量和收益产出比都比较重视，如广东省广州市由社会工作服务机构承接运营的社工服务站项目。

二、评估型项目

评估型项目，专门对社会工作项目做评估验收的管理工作，一般委托给第三方专业评估机构，由专业评估机构根据项目的计划和产出进行对比、查证，制定评估指标体系，然后进行打分最终得出评估结论，如广州市社会工作协会作为第三方专业评估机构主要负责广州部分社工服务站的评估工作。

三、研究型项目

研究型项目，针对社会工作项目的不确定性问题、理论指导和没有经验借鉴的问题进行探讨研究，这类研究能作为项目立项决策的价值导向和决策参考。

任务三 社会工作项目发展

情境导入

某社会工作服务机构总干事准备参加一个公益项目的创投，他先与团队成员在社区中进行需求评估，通过深入了解，明确社区居民的需求后，撰写了项目策划书。在准备就绪后，将项目策划书进行申报，通过一段时间的等待，机构收到了项目评审组的通知，内容为该机构策划的项目通过评审并予以立项，要求该机构严格按照项目策划书开展相应的活动。机构社工根据项目策划书的内容撰写活动细项，按照时间节点开展了相应的服务，并且在开展项目时进行了较为完善的过程评估，即评估参与者参与项目的收获。经过一段时间的开展，该项目在社区之中备受欢迎，也迎来了项目的末期评估，项目购买方通过聘请第三方评估机构来对该机构所承接的项目情况进行评估，最终该社会工作服务机构所承接的项目评估结果为优秀。由于该项目开展得较为成功，社会工作服务机构决定将此项目打造为社区的一个“品牌”并进行推广。

任务要求

请结合本情境，谈谈你对社会工作项目的生命周期、项目运营步骤的理解。

子任务 1 社会工作项目的生命周期

工作任务

1. 通过课前阅读、文献查阅，了解社会工作项目生命周期的内涵。
2. 通过小组讨论，收集并分析社会工作项目的生命周期。

知识准备

正如前面提到的项目具有生命周期，因此社会工作项目也有生命周期。项目的周期主要可以分为制订总体规划，项目评审和立项，项目计划，项目实施和执行，项目评价与审计这 5 个阶段。每个项目的实质内容和所属专业领域不同，会使不同项目生命周期的内容大有不同，但大多数项目都会经历以上 5 个阶段。

制订总体规划阶段是项目生命周期的第一阶段。这个阶段的主要工作是定义项目，并制订总体的规划。工作的具体内容包括需求和难题的辨识、项目初步设计等。

项目评审和立项阶段是项目生命周期的第二阶段。这个阶段的主要工作是项目论证，并进行立项决策。工作的具体内容是项目建议书、可行性报告、项目批准等。

项目计划阶段是项目生命周期的第三阶段。这一阶段是在第二阶段评审、立项通过以后开展的。这个阶段的主要工作是提出满足需求、推进目标实现的解决方案，包括详细计划和技术设计，具体要做到目标确定、范围界定清楚、工作分解、计划安排、成本估算、人员分工、质量保证、风险识别和合同订立等工作。

项目实施和执行阶段是项目生命周期的第四阶段。这一阶段是对第三阶段具体解决方案的施行，它根据第三阶段方案的具体安排，主要开展实施与控制工作，具体包括实施具体工作计划在内的跟踪进展、控制偏差、变更、履行合同等内容。

项目评价与审计阶段是项目生命周期的第五阶段，也是项目的结束阶段。这一阶段主要进行总结与评估工作，主要工作有检查确认项目范围、验收交付、费用决算、财务审计、文书归档、项目评估等。

子任务 2 社会工作项目运营步骤

工作任务

1. 通过课前阅读、文献查阅，了解社会工作项目运营基本环节步骤。
2. 通过小组讨论，收集并分析社会工作项目运营基本环节。

知识准备

社会工作项目运营步骤包括以下 6 步，在本书接下来的内容中将逐一介绍。

一、项目需求评估

项目需求评估对项目的目标明确、项目具体计划的制订、项目可行性的分析发挥着至关重要的作用，是设计整个项目中最为关键的一环。通过评估需求将为后续服务的设计及开展提供可行性，它影响着整个项目开展过程的实施与成效评估。

二、项目策划

项目策划是在前期评估资料分析的基础上，从当地或目标人群的实际情况出发，预测未来实施的项目将通过什么样的方式来回应目标人群需求的一种活动。同时项目策划为未来的合作提供稳定的保障，并被作为各方行动和问责的依据。项目策划通过风险分析与管理能最大限度保证后续项目的顺利实施。

三、项目立项与评审

在项目策划书撰写完毕后，要依据流程进行项目申报。在一般情况下，社会组织申报项目都是先进行网上申报，要留意项目申报书样本的格式要求，且填写的时候要按照填写说明的要求进行。收到申报书后，购买方进行评审，以确定项目是否具有落地实施的价值。

四、项目实施与管理

项目申报成功并正式立项后，根据项目策划书逐步落地执行，执行项目方案的过程就是项目实施。项目策划书转换为实践过程是一个非常重要的环节，需要各项服务内容与项目计划契合，以保证项目目标的实现。在项目实施的过程中需要注意 4 个环节，分别是资源投放、设计服务活动、注意活动成效和遵循理论基础。

五、项目评估

项目评估是购买方对项目实施情况的一种评价，也是检验项目服务成效和资金使用效率的重要方法，其中评估方式分为结果导向的绩效评估模式与过程导向的绩效评估模式。一般考察政府购买服务的项目，通常使用结果导向的绩效评估模式，该评估模式的结果会直接影响到政府会不会进一步对该项目进行购买及拨款；针对日常社会组织的社会服务项目，通常使用过程导向的绩效评估模式，在监测日常活动和评估项目服务的同时，加强了购买方对提供服务的社会组织的监管，切实有效地保障了项目质量。

六、项目品牌建设与推广

如今，社会上的市场机制与社会治理主体表现为多元化。社会工作项目的购买主体多为政府，在该机制下开展的社会工作服务，强化主体对服务的品牌意识是非常重要的一个环节，这不仅能提高社会服务的竞争能力，同时还能将品牌化概念引入社会工作项目中，将社会工作的“助人自助”理念树立为项目的品牌理念，而开展的服务便为“产品”，通过开展服务将“产品”推广给有需要的困难群体，使社会工作项目在社会服务中真正满足困难群体的需要。

任务实施

1. 任务设计：请根据项目一的“项目”与“社会工作项目”两者的独特性，进行小组讨论，产出一份能够明确区分两者关系的表。

2. 任务目的：加深学生对“项目”与“社会工作项目”两者之间的认识；提升学习小组的参团讨论、学习能力；通过产出成果了解学生对本项目的学习认知程度。

3. 任务时间：40 分钟。

4. 任务步骤：

步骤一：根据课堂学习内容，结合文献就讨论内容进行分类填写。

步骤二：填写表，对“项目”与“社会工作项目”异同点进行区分。

项目		社会工作项目	
1		1	
2		2	
3		3	
4		4	
……		……	

步骤三：各小组派代表进行总结发言。

任务点评

组别	评价内容（分值）			
	概念明确（30 分）	特点合理（30 分）	整体情况（40 分）	总分（100 分）
第 1 组				
第 2 组				
第 3 组				
第 4 组				
第 5 组				
第 6 组				
总评价备注				

拓展练习

案例：

随着人口老龄化的加剧，长者的赡养问题成为社会关注的焦点。金山村在籍的 60 岁及以上老年人约为 500 人，占户籍总人数的 10%，其中 75 岁及以上的老年人有 300 人。目前该村普遍存在因子女外出打工、家庭矛盾激烈，导致老人得不到赡养的情况。该村子女外出打工的留守长者有 350 人，其中，因子女经济压力大，无法得到赡养的长者有 150 人；因长者缺乏维权意识导致无法得到赡养的有 200 人，存在家庭关系矛盾导致长者得不到赡养的有 150 人。该村曾经开展过 3 场相应的长者赡养维权宣传活动，由于宣传力度不够，导致长者对活动的认识不清晰，对长者产生的帮助效果并不明显。

如果不及时解决该村长者存在的问题，这将会危及长者的身心健康和家庭关系。因此，解决该村的长者问题成为项目工作的重点。

思考：

（1）请结合材料分析开展上述项目面临的问题是什么？

____

____

____。

（2）请阐述材料中的情景，如果以项目的形式开展，服务计划该如何设计？

____

____

____。

项目二 项目需求评估

【项目导学】

由于服务对象个人所处的环境不同，需求和问题也变得复杂多样。因此社工需要采用多种方式收集服务对象的信息，了解多方面的需求，然后进一步对问题进行分析。服务源于需求，明确了需求后才能明确服务目标，才能制订相应的服务方案和策略，更好地呈现服务成效。可见，需求评估是精准服务的首要环节，也是保证服务项目质量的一个前提条件。

本项目将从认识需求评估、需求评估的方法、需求评估的过程、需求分析的应用工具这四个方面阐述开展需求评估时需要了解的知识要点以及工作方法，为社会工作者开展项目提供借鉴。

【项目学习目标】

知识目标

❶ 学习开展需求评估的相关知识。

❷ 学习需求评估方法优缺点。

❸ 掌握需求评估的过程。

技能目标

❶ 掌握问题树的方法。

❷ 掌握需求评估的方法。

❸ 能够独立开展需求评估。

职业素养目标

❶ 认识需求评估的重要性。

❷ 增强人际沟通能力。

❸ 提升分析整理资料能力。

任务一 需求评估概述

情境导入

某省最近举办了一个社会工作项目大赛。A机构主管委派社工小陈准备一份项目方案参加大赛。社工小陈觉得这是一个大显身手的机会，但她对项目策划所需的过程不太确定，加上时间有限，她在短短一天内就书写出一份名为“安全俱乐部”的项目方案，针对流动儿童所生活的环境中存在人身、居家、交通、社区等各种安全隐患主要的问题，通过为流动儿童开展各类培训活动和团队建设，同时搭建展示成果的平台，以同伴教育的方式，向周围的流动儿童及其家庭传播安全知识和技能，倡导关注流动儿童。

项目大赛当天，评委专家问社工小陈，“在项目策划时访问了什么人？目标服务对象大概有多少人？访谈了多少位服务对象？他们表达了什么困难？项目方案设计的内容是否能回应服务对象的需求？”社工小陈心虚了，之前为了赶项目策划书并没有开展上述内容工作，最终她承认没有与服务对象接触，项目方案只是她个人构思出来的。最后项目没有入围，评委给予的评语是：方案需求评估不充分，未有效对焦需求问题。

可见，在构思项目时，绝不能忽略一个关键问题：项目要回应谁的什么问题，即做好需求评估。

任务要求

了解什么是需求评估，以及思考在社会工作项目中为什么要开展需求评估。

子任务 1 需求的定义

工作任务

1. 通过课前阅读、文献查阅，了解需求的内涵。
2. 通过小组讨论，收集并分析需求的不同界定。

知识准备

关于需求，费德力可（Federico）认为，需求包括身体健康、个人发展、情感成熟、智力发展、与他人的联系和精神需求。《社会工作辞典》认为，需求是为了生存、幸福和完善而体现的生理、心理、经济、文化和社会条件。马可罗夫（Macorov）指出，社会工作中有生理、心理和社会需求，至少有5个角度，即冲动、短缺、要求、资源和问题。

可见，对于何谓需求的界定众多，本书将详细介绍几种在实务中经常使用的定义，利于读者更好地把握需求的基本内涵。

一、需求层次说

根据马斯洛（Maslow）在20世纪40年代提出的需求层次论，人的基本需求表现为生理、安全、归属和爱、尊重、自我实现5种。马斯洛认为：生理需求与衣、食、住、行等密切关联，来自人类本能。安全需求旨在保障自身安全、摆脱失业和丧失财产威胁、职业病的侵袭、解除严酷的监督等方面的需求，降低生活中的不确定性。归属和爱的需求就是希望归属于某个群体或社团，与他人交流并得到关心与爱护。尊重的需求则意味着一方面希望提升自己的能力、追求成就和谋求自由、独立，即内部尊重（自尊）。另一方面要求得到别人的尊敬、重视或赞赏，即外部尊重。自我实现需求是最高层次的需求，表现为实现个人理想、抱负，发挥个人的最大潜能，完成与自己的能力相称的一切事情的需求，也是一种自我价值得到体现的需求。

马斯洛认为，只有基本满足了低级需求后才会产生高级需求，最占优势的需求将支配一个人的意识和行为，高级需求出现之后，低级需求仍然存在，但对行为的影响会减弱。

二、整体需求说

佩尔曼（Perlman）的整体需求说认为：

人类需求有生理、心理和社会三个角度，三者合一。如，人们寻找生活伴侣时，会希望对方身体强健、心态健康、具有爱心、拥有潜质。这些指标显然可以分别归入生理、心理和社会三个方面需求，而且，三者无论欠缺哪一个都不能称为理想状态。

人类需求有两个维度，即“过去—现在—将来”与“生理—心理—社会”的组合，即作为生理和生物的人，会根据过去的体验、现在的状况和将来的预期，借助人际联系和社会环境中的生活模式寻求需求满足。这就可以解释下列现象，即在求职时当面临岗位离家不远（生理上不辛苦）、压力不大（心理上放松）和有地位（社会上有发展）三者不可兼得时，为什么有人愿意选择离家较远、压力较大但未来有发展的职位。可见，人类需求并不是单一的，往往是多种需求混合在一起，而人类的行为是整合诸多需求的结果。

三、阶段性需求说

托尔（Towle）认为，在不同年龄段，人类的一般需求有所不同。

在婴孩及儿童阶段，感到安全、得到爱和关心、有学习机会是人类的一般需求，需求未满足就会产生情感混乱。婴儿获得母爱，可使其产生愉快的情绪，促进消化系统和循环系统的动作，使其身心和人格健康。这就可以理解为什么孩童特别依附于母亲的现象。

在青少年阶段，自我依靠、身份认同、体现多重角色是人类的一般需求。若个体对自己究竟是孩子还是成人把握不定，就会产生失落感，从而希望被保护。

在成年阶段，准备进入工作状态和参加社会生产是人类的一般需求。其中，社会生产包括物质生产和人口生产两方面。

在老年阶段，经济和情感需求特别重要，这与其生命周期中的退休导致原有角色变化、家庭缩小导致家庭内互动性减弱等特性有一定关系。

四、需求两分法

莱恩·多亚尔（Len Doyal）和伊恩·高夫（Ian Gough）认为人类存在共同

的、客观的需求，他们把人类的需求分为基本需求和中介需求。

基本需求：包括身体健康和自主两个方面。其中，身体健康是人类基本的需求，一个人如果没有健康的身体，他所具备的各种能力就不能得到充分的发挥，从而影响工作任务的完成。

中介需求：指基本需求满足过程中不可缺少的产品、服务、活动和关系的特性，包括有营养的食物和洁净的水、具有保护功能的住房、无害的工作环境、无害的自然环境、适当的保健、童年期的安全、重要的初级关系、环境上的安全、经济上的安全、适当的教育、安全的生育控制与分娩。

综上，人类需求有不同的分类方法。在实务工作中，项目社工应依托多个理论对服务对象的需求进行剖析，才能更科学、全面和合理地掌握服务对象的需求。

子任务 2 需求评估的定义

工作任务

1. 通过课前阅读、文献查阅，收集需求评估介绍。
2. 通过小组讨论总结社会工作需求评估的含义。

知识准备

关于需求，《现代汉语词典》上的解释为“由需要而产生的要求”，即需求是站在“需”和“求”两个角度看问题的，需要和追求满足，强调“需”的实现，因此对需求的理解应该联系社会生产和社会制度。

关于评估，美雅（Myer）认为，“Assessment（评估）”具有知晓、了解、评价、个别化和断定的含义，是运用所有专业学科中的知识方法分析判断的过程，也可能是所有专业活动的标志。

国内外许多学者对需求评估或与其相关、相近的概念（如预估等）均进行过不同的表述。

洛莱（Lowry）认为，需求评估表现为一种诊断，有两方面的内涵：一是旨在描述事实，其中，我们了解我们所知且根据其含义得出结论；二是一个过程，即一系列彼此衔接的行动，每一步都从与他者相关处获取信息，并带来一个连续过程，形成对每个新事物含义的深化领悟。

赫普沃斯和拉森（Hepworth & Larsen）认为，预估是收集、分析和综合数据进入系统阐述的过程，这种系统阐述包含：服务对象问题的性质并特别关注服务对象和他人在困难中的角色，服务对象和他人的功能（优点、局限、人格、财富和缺陷），服务对象解决问题的动机，形成问题的相关环境因素，有用的或者改善服务对象困难的重要的资源。

《美国社会工作词典》认为，预估是一个决定问题的性质、原因、程度及牵涉于其中的个性和情形的过程，社会工作的功能在于获得对问题及其成因的了解，并能找出解决问题的办法。

罗秀华认为，需求评估基本上是一种资料收集的方法，可以简单地询问街上行人的个别问题或需求，也可以运用最先进的资讯科技和研究技巧掌握资料。

综合以上表述，本书将“需求评估”的定义表述如下：需求评估是指在社会工作项目前期及执行期间，社会工作者对服务对象需要的种类、范围及成因进行测量、判断和分析的过程。它包含 3 层意思：

1. 需求评估是对服务对象及其需要的一种认识，即清晰未被满足的部分，并评估哪些是项目可以尽力去服务及带来改变的，也是服务对象对于项目服务内容认可程度的判断。

2. 需求评估是一个分析过程，这个过程从项目前期开始并延续至项目结束。

3. 需要评估的方法多种多样，既包括考察、了解服务对象实际情况的各种感性认识方法，又包括对收集的材料进行统计分析和思维加工的各种理性认识方法。

子任务 3 需求评估的作用

工作任务

1. 通过课前阅读、文献查阅，了解为什么要开展需求评估。

2. 通过小组讨论，总结社会工作项目需求评估的作用。

知识准备

莱斯（W.W.Royee）和塞耶（R.H.Thayer）解释了需求评估的原因：

1. 为了确定社区中是否实施了干预。

2. 为了确定是否存在数量足够多的具有某种特定问题的服务对象，从而证明创建新项目的合理性。

3. 为了确定可能的服务对象是否了解或认识现有的干预。

4. 为了确定哪些障碍会阻碍服务对象享受现有服务。

5. 为了证明社会问题的持续存在或不断恶化。

可见，如果项目社工仅凭前人经验、他人建议或者自己的既定思维和工作经验去构思项目，这样不管项目策划书写得多漂亮，都会在项目服务实施的过程中很容易出现难以招募到服务对象、无法得到相关社区支持、服务对象对服务不满意等困境，致使服务开展受到严重阻碍，最终造成资源浪费。如，谈到独居长者的需求，我们会想到支持网络薄弱；谈到青春期孩子的需求，我们会想到学业困惑、亲子关系紧张……这些“惯性思维”很容易使我们把自己认为服务对象应该有的需求作为项目策划的依据，从而忽略服务对象真正的需求，导致资源错位、服务偏差等问题的出现。

需求是驱动服务策划、实践的动力和源泉，详尽的需求评估能够指引明确项目方向，选择对应的服务内容和形式，让项目社工知道服务是为了回应什么需求而开展，服务对居民、对社区的改变在哪里，而这些也正是体现项目成效的地方。因此，在策划项目时，我们要尽可能“与服务对象同行”，以“帮助他们解决问题”为首要任务，多走出去、多聆听服务对象及相关人员的故事，以及查阅相关资料，以获取更多支撑自己策划项目的信息。

子任务 4　开展需求评估的原则

工作任务

1. 通过课前阅读、文献查阅，了解需求评估的原则。

2. 通过小组讨论，总结需求评估为什么要把握需求的不足。

知识准备

一、需求评估旨在发现需求不足

就研究逻辑而言，需求不足可以表现为特殊需求的不足和社会需求的不足。需求不足经常会表现为具体问题，社会工作中的需求不足首先关注社会人生命过程中的缺乏状态，因为困难群体或者普通人士的弱势问题永远是其核心关注对象。就操作视角而言，要把握需求不足（或问题）的状态如何，就要明确需求不足所涉主体及其规模和分布，要了解需求不足可能产生的直接后果和间接后果，要了解需求不足在多大程度上得到认识，要弄清需求不足的界定主体。

二、需求评估必须把握需求不足的原因

一是从不同角度分析需求不足的可能原因，并梳理原因之间的逻辑关系。如社会达尔文主义注重从个人视角说明需求不足或贫困问题，强调应该采取措施激励当事人对自己负责；社会结构论认为需求不足主要在于社会的短缺和困难，因而是社会引发了需求，这种需求有时可视为一种剥夺，并在物质资源、精神或情感、认知、人际、机会、人权、生理等方面得以体现；“人在环境”视角认为，人类追求人与环境的适应以满足需求、权利、欲望和目标，只有在人与环境关系中理解这两个因素，才是合理的；生态视角则强调“整体主义”及人与环境互动，包括不同因素之间的因果互动，难以采用线性视角和简单互动梳理问题的原因机制。二是把握可变原因。如果原因机制中的核心原因可以改变，就要设法发现促进其变化的手段；当核心原因不可改变时，就应退而求其次，发现次关键原因。三是抓住可控原因。即把握项目社工依靠自身可以促成改变的原因，因为只有这种改变才有其实务意义。

因此，社会工作项目中的需求评估首先要发现需求不足，然后要把握其原因机制，再进一步发现各个原因的可变性及可控性，从而为社会工作项目的形成提供基础。

任务二 需求评估的过程

情境导入

学完任务一后，我们对社工小陈碰到的困难应该能有所理解。社工小陈开发项目是以完成上级任务、自我挑战为出发点的，却忽略了服务对象的需要。在策划项目时，没有征求服务对象和相关方的意见和看法，以致对问题了解不够全面。所以对项目方案修改的第一步就是要做好需求评估，包括学习规范性、感觉性、表达性和比较性 4 种观点的需求、了解如何制订资料收集方案、掌握收集需求的方法等。

任务要求

了解开展需求评估步骤及要求，掌握需求评估的方法，能独立开展需求评估。

子任务 1 界定服务群体

工作任务

1. 通过课前阅读、文献查阅，了解如何界定服务群体。
2. 通过小组讨论，确定服务群体界定的不同维度。

知识准备

寻找“正确”的需求，首先要对面临问题的群体进行界定，因为在社会工作项目开发的初期，社工会面临庞大的服务群体以及纷繁复杂的问题，而社工的时间、精力以及项目资源都是有限的，资源与需求之间存在严重的失衡，因此在此阶段确定哪些群体是最为急迫的，以保证有限的项目资源能用到真正有需求的群体上。

在项目设计过程中，可以借鉴洋葱模型，由外到内、由表及里，从 4 个维度逐步聚焦和界定项目目标群体，即整个群体、处于危机的群体、需要服务的群体、能接受服务的群体。如图 2–1 所示。

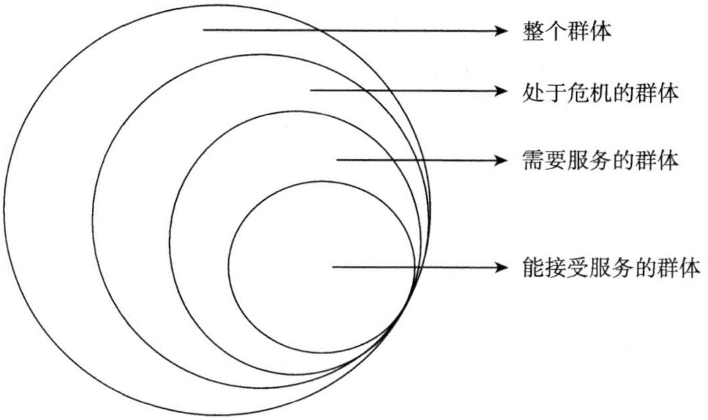

图 2-1 目标群体洋葱模型

案例：项目社工在某城中村中发现，由于儿童安全意识淡薄，用电、用气等相关知识匮乏，造成触电、燃气中毒等事件时有发生，个别儿童还因此丧命。因此，社工拟提升儿童及其家长的安全防护意识，减少悲剧的发生。

结合上述案例说明如何从 4 个维度服务群体：

维度一：整个群体

指服务范围内与问题相关的所有人群。就案例来说，整个群体即为该城中村中所有儿童。

维度二：处于危机的群体

指在整个群体中比较容易出现问题的群体。危机状况一般可以理解为支持网络薄弱、疏于照顾、处于暴力的环境中、受心理困扰等状况。

以这些危机状况为基础，案例中可以识别出几种处于危机的群体：

（1）因家长知识水平有限或安全意识不强，在安全方面不能获得较好教育的儿童；

（2）家长忙于工作，被疏于照顾的儿童；

（3）居家环境有安全隐患、家具摆设危险、电器电线老旧的等情况的儿童。

维度三：需要服务的群体

指处于危机中且已经受到困扰、有紧迫服务需要的群体。筛选区分这一群体，可以采用科学量表等可信、可靠的工具，测量哪些群体的问题最严重、需求最迫切；若量表不适用或项目团队暂未能熟练掌握相关知识，可通过走访调研、查阅服务数据等方式识别出需要服务的群体。

案例中，项目团队通过走访调研，收集了许多与项目相关的信息后发现，在上述“处于危机的群体”的维度中所识别出的危机群体，6 ~ 14 周岁学龄期的流动儿童占的比例较高，因为流动儿童的家长忙于工作而无暇照顾他们，且家庭在当地的支持网络薄弱，因此项目锁定这个儿童群体为需要服务的目标群体。

维度四：能接受服务的群体

指在所需要服务的群体中，最终能获得服务的群体。由于受资源、地域、服务团队等情况的影响，有时候项目未必能覆盖全部需要服务的群体，这需要根据群体所面临问题的紧迫程度和项目资源情况，确定最终能够接受服务的群体名额。

基于资源、地域等因素的考虑，案例中项目团队最终将服务群体锁定为在该城中村中儿童较为集中的几个社区的流动儿童。

子任务 2　收集需求

工作任务

1. 通过课前阅读、文献查阅，了解收集需求的步骤。
2. 通过小组讨论，结合实际案例尝试撰写一份需求报告。

知识准备

当群体界定后，就进入资料收集环节。资料收集是用以了解问题及分析需求的。在此过程中，我们会遇到如何收集资料、如何整理和分析这些资料等问题。为了厘清思路，我们首先要掌握关于需求测量的概念。

一、需求测量

英国学者布莱德肖（Brashaw）的四分法是需求测量视角和理论基础。布莱德肖将需求测量分为四种方式：感觉性需求（Perceived need）、表达性需求（Expressed need）、规范性需求（Normative need）和比较性需求（Relative need）。这四种需求从不同的角度来诠释需求，它们之间能够相互补充说明，帮助我们更全面地了解服务对象的需求。

（一）感觉性需求

感觉性需求指服务对象可以明确地依据自己个人的要求标准，感受或意识到有哪些需求，并用语言表述出来。由于个人的要求标准不一样，不同人之间所表述的感觉性需求会有较大的差异。以同龄群体为例，流动儿童与本地儿童对生活质量的需要会有所不同。此外，有时服务对象的感觉性需求会期望过高或不切实际，项目社工应该注意引导；有时感觉性需求也可能会随着时间而变化，曾经的感觉性需求会因为已经获得满足或者心态不同而有所改变。因此，在了解过程中，我们需要多聆听、多提问，以便更准确地判断服务对象的感觉性需求。

（二）表达性需求

表达性需求指服务对象能够很清楚地了解并表述自己所期待被满足的需求，并通过不同途径向适当对象表达，从而明确地提出需求。可通过收集相关服务数据了解这类需求，比如，当大部分服务对象都在使用某种服务或能够观察到服务的需求大于供给时，说明该社区认为该种服务确实存在需求。因此，从服务数据中可找出已经采取实际行动的人数与正接受服务的人数之间的差别，从而推估出无法被满足的人数，而这些人正是需要被关注的存在。值得注意的是，关注表达性需求有时会因过度依赖于人对需求的行动表现，而忽略有些人会因社会或心理因素的制约表现出缺乏行动动机的情况。例如，遭受家暴的妇女，可能出于“家丑不外扬”或者“离开丈夫就无经济来源”等想法，并未将脱离家庭的表达性需求付诸行动，但这并不代表她们没有需求。

（三）规范性需求

规范性需求指以现存的某些标准或规范界定需要，主要指专家学者、专业人士、政府行政官员依据专业知识和规范指出所需要的标准，当某项服务未达到既定的标准时，规范性需求就出现了。例如，《广州市社区专职工作人员管理办法（试行）》规定，广州市社区专职工作人员按社区常住人口每300户左右配备1人。假设某社区未按此要求配备社区专职工作人员，该社区便有了对社区专职工作人员的规范性需求，但社区内的居民可能还没有感受到这种需求。值得注意的是，该需求中"标准或规范"会因地域的不同而不同，或是会随着时间的推移、科学技术的发展而发生改变，比如，一个城市的最低收入标准等。因此，我们在采用规范性需求的时候，要尽量严谨，最好能多收集一些最新资料，对标准、数据进行求证。

（四）比较性需求

比较性需求指服务对象将所得到的服务与其他类似社区进行比较后，而认为有所差别的需求。例如，相邻的和背景及人口结构相似的甲、乙两个社区，甲社区有30%的长者正接受居家养老服务，乙社区只有5%的长者正接受居家养老服务，比较之下，我们可以认为乙社区对居家养老服务的需求就是比较性需求。这种需求可以由居民提出，也可以由专家去界定。

二、收集服务对象需求的方法

收集服务对象需求的方法可从社会工作研究的两大范式中进行选择，即定量研究和定性研究（质性研究），其基本概念如下：

定量研究是指在严格研究设计的基础上，采用定量测量手段收集资料，并对此进行统计分析。定量研究适用于研究问题已有大量资料、资料收集相对容易、需要探讨变量关系、宏观层面的大规模的调查与预测等场合。如研究者要了解社会工作者的社会支持情况，首先要进行文献回顾，形成社会支持的概念框架；其次根据其维度在问卷中设计相应问题，并依托问卷收集资料；最后采用统计软件进行分析，依据统计分析可以发现该群体与朋友的来往情况，从而估计其碰到困境时可能获得的外来支持。

定性研究是指收集和分析非数字化的资料，描述和理解回答者所经历现实的含义、特征、隐喻、象征等，探索社会关系。其适用于不熟悉的社会系统、无权威和不受控制的场景。研究对象通常是一些有代表性的、较少数目的个案，研究者通过对这些个案进行深入、细致的考察来获得有用的研究信息。

定量研究和定性研究中的资料收集方法包括文献查阅、社区调查、焦点小组、社区观察、访谈法等。在实际工作中，具体的方法应根据上述需求测量的种类灵活进行选择。

（一）“感觉性需求”的收集方法

1. 社区调查

社区调查是指运用科学的方法和手段对具体社区的资料进行收集，以了解社区人口集体与特定生活环境、社会条件与社会管理相互关系的方法。进行社区调查，必须经过制订调查方案、设计问卷、确定抽样方式、填答问卷、整理及分析数据、撰写报告等一系列的过程，所要求掌握的知识点繁多，包括设计问题、抽样、统计学等。具体方法包括：面对面访谈、电话访谈及问卷调查等。

（1）面对面访谈。项目社工实地对受访者进行探访、面对面沟通。此种方式可能面对的困难是当前社会彼此相互猜忌的问题，项目社工难以取得受访者的信任，可通过与街道、居委会等单位合作，以减少不必要的困扰。

（2）电话访谈。项目社工以电话的形式访问受访者，进行非面对面的沟通。该方式对受访者和项目社工双方均具有安全隐秘性，是最为经济的方式，但依然会存在相互猜忌的困扰，而且即使通过与街道、居委会等单位合作，也无法解决此问题，所以可能是当前较难执行的方式之一。

（3）问卷调查。依托问卷，针对取自某种社会群体的样本进行收集资料，并通过统计分析认识社会现象的调查方法。此种方式采用匿名访问，有利于获得真实信息；收集较多人士资料，有利于综合个别人士的极端回答；收集数据的内容，时间格式基本统一，从而使资料处理相对容易，并便于比较分析；在同一时段访问众多对象，可以节省不少资源。但由于项目社工已预先设计好了回答范围，使得受访者作答比较受限，可能会遗漏一些更为细致、深层的信息，对于复杂的问题，简单的答案并不能够获取到需要的关键信息。

值得强调的是，问卷调查并不是从网络上找来问卷模板，随意修改其中的问题，然后派发给居民填写。

通过社区调查我们可以了解的内容包括：受访者觉得有什么困扰、希望获得哪些改善、对现有服务状况的了解程度、使用意愿及评价等。可见，社区调查不仅可以帮我们初步确认服务对象的需求，也可以帮我们了解现有服务与服务对象所期望的差别，进而发现现有服务的缺失。

2. 焦点小组

焦点小组又称小组座谈法，就是采用小型座谈会的形式，通过邀请具有同质性或具有不同背景的服务对象代表参与讨论，发表对问题和需求的感受及看法，并对服务的开展提出建议。一个焦点小组的规模不宜太大，人数控制在 8～12 人，社工事先应告知主题、要求、时间、地点等，主持人采用语言技巧，发挥抛砖引玉、穿针引线等作用，引导受访者对某一主题或观念进行深入讨论，积极表达意见，其中“不批评”是其重要原则。相较于社区调查来说，它省时省经费，且公开透明，有利于参与人员对需求进行澄清，并达成共识。但不足之处是由于人数相对较少，参与者是否具有代表性可能会受质疑，所以不能把小组座谈的结果当作决策的唯一根据。

3. 重要人物访谈

服务对象中的重要人物，一般包括社区中的街道办主任、居委会主任、居委会代表或居民代表、德高望重的老人及相关政府官员等。此类人士对社区有一定的影响力，并对社区需求有充分的了解，通过邀请其发表自身的看法，以收集具有代表性的意见，更好地界定需求。这个过程不仅是收集资料的过程，也是与服务对象建立关系的过程，让他们知道项目团队正在关注这些问题，希望通过协商和协作的态度，获得服务对象更多的支持和理解。

（二）“表达性需求”的收集方法

资源盘点，通过分析服务供给者（谁提供服务）、服务地点（在哪里提供服务）、服务内容（提供何种服务）、服务容量（可为多少服务对象提供服务）等内容，了解某社区内特定目标服务群体有哪些既有的服务，服务效果如何等。可充分使用机构现有服务数据对资源进行盘点，如家访、个案和小组等服务所做的记录等，从中我们可获得谁接受了服务、谁还未接受服务和哪些服务存在不合理的使用情况以得出尚未满足的需要等信息，对于我们进一步挖掘表达性需要有重要的参考价值。此外，其他服务数据，如妇联家庭暴力咨询站、残联服务机构等单位中的求助数据及正接受康复服务的服务数据，在情况容许下，也值得收集并分析。

（三）“规范性需求”的收集方法

可将现有的数据及资料与其他类似专家学者的研究结果 / 权威标准进行比照以获得推定的结果，例如从政府工作白皮书、政府出台的相关服务指标等内容中获得数据，以权威人士 / 专家的意见作为标准等。

（四）“比较性需求”的收集方法

可从媒体报道、相关文献中获得信息，抑或是通过比较两个相邻社区的调研报告获得。需要说明的是，上述需求的收集方法中，并没有哪一种方法是最好的，它们之间也并非相互排斥，而是各有其优点及不足。在操作过程中，选择采用哪种方法前要综合考虑 3 个因素：时间、资源、知识，即要根据项目现有的资源、问题呈现的现状，结合各种方法的优点及不足，确定使用合适的方法。

（五）制订需求收集方案

在制订需求收集方案之前，需要先考虑以下几个问题：

（1）已收集了哪些资料？

（2）已有的资料是否侧重反映了哪些观点或需要？

（3）还需要补充哪些观点或需要？

在思考上述问题的基础上，制订需求收集方案。一般来说，一份需求收集方案可包括以下几方面的内容：

（1）确定需求收集范围。一般来说，资料收集的范围包括：一是已界定了的项目目标群体（详见本任务点的第一大点）；二是目标群体的系统，如家属、居委会工作人员等。

（2）选择调查类型。即选择的调查是普查还是抽样。普查是对有需求的群体中的每个个体进行逐个的调查；抽样是通过一定方式在有需求的群体中抽取一部分个体作为样本，通过对样本进行调查的结果推论总体情况的一种调查。

（3）选择收集资料的方法。即确定资料收集用社区调查、焦点小组或资源盘点，或者将上述方法相结合。

（4）考虑资料收集人员的构成。如果目标群体较大则需要很多调查者共同努力才能完成，同时还可能涉及挑选、培训调查员的工作。因此，必须对此进行规划，以保证调查工作的顺利进行。

（5）选择调查的时间与地点。调查时间包括调查时期（调查工作起止时间）和调查时点（调查某一确定时间的社会情况）。调查时间的安排要受调查主体和客体的制约，不同目标群体均有各自的最佳调查时间。调查地点是指实施调查的具体地点，是进入各家各户调查，还是在单位、机构集中填写，或者在街道、商场等公共场所进行询问等。调查时间与地点的选择必须根据项目目标群体的特点确定。

三、整理及分析资料

当需求资料收集结束后，便需要整理与分析资料，以作为支撑项目推进的依据。过程涉及三个步骤：整理、分析和引证。

（一）整理

资料整理是运用科学的方法，对调查所获得的资料进行审查、检验、分类、汇总等初步加工，使之系统化和条理化，并以集中、简明的方式反映调查对象总体情况的过程。资料整理是资料分析研究的重要基础，是提高调查资料质量和使用价值的必要步骤，更是保存资料的客观要求。资料整理的原则是真实性、合格性、准确性、完整性、系统性、统一性、简明性和新颖性。对于数据资料，常用的数据统计软件有 Excel 和 SPSS 等。如果以访谈形式进行，则需要重阅访谈记录、捕捉调查的核心、书写重点内容。

（二）分析

统计软件能够便捷地分析各种数据，找出各数据之间的关系。对于从采用访谈所得的文字材料，分析方法则是将结果用摘要或按主题、人物或时间等对资料分类列项的形式表达出来，有效呈现问题的严重性，以说服机构上级和出资方等。下面介绍两类分析方法。

1. 比较分析

通过数据的比较，突出目标社区或者目标群体的问题的严重性，有两种形式：

将本社区 / 地区 / 国家数据与其他社区 / 地区 / 国家的数据相比，凸显问题的迫切性。例如，由于某社区的亲子关系沟通不良而引发关系紧张的个案是相邻社区的 3 倍，由此可见，在该社区启动亲子关系改善项目是很有必要的。

将收集的数据与权威标准进行比较，以凸显服务需要。例如，北京某区中小学学生遭受身体欺凌、语言欺凌、关系欺凌（被同学联合起来孤立）的比例分别为 10%、20%、7%，已经远远超过《中国教育发展报告（2017）》发布的北京市中小学学生遭受欺凌的比例（7.5%、13.3%、3.5%），排除社会大环境及特殊事件的影响，该区中小学校对学生思想品德的教育方面以及学生的抗逆力提升方面可能存在薄弱环节。学校对师生人生观和思想品德的教育方面比较薄弱，或存在个别学生心理承受力差的问题。

2. 趋势分析

将反映问题的指标按照时间轴罗列出来，凸显问题有加剧的趋势。例如，据统计，某街道长者被诈骗的事件，2018 年共有 40 起，比 2017 年增长了 15 起，且发现过去 5 年有逐年增加的趋势，我们应考虑开展预防长者被诈骗的相应服务项目，以解决此类问题。

（三）引证

在书写结论以及论证时，都可利用所收集的资料或者新闻事件引证论点，例如引述一段受访者的话语，描述一件事情发生的经过，以唤起读者的情感共鸣；或者引述与问题相关的新闻，突出项目的时效性与针对性，从而加强结论的说服力。

四、陈述问题

资料分析后还需要将问题归纳总结，即陈述问题，这有助于接下来项目策划工作的开展。如何清晰地陈述问题，可参考 QQA 组合技巧：

质性陈述（Qualitative Statement）：说明问题的性质与内容。

量性陈述（Quantitative Statement）：以量化说明问题的严重程度。

采取行动之有力依据的陈述（Justification for Action Statement）：综合质性和量性的陈述，针对问题应采取的行动。

以下是对“有儿童因意外而入院治疗”问题的陈述，阐述如何通过 QQA 组合技巧，逐步陈述问题。见表 2–1。

表2-1　利用QQA组合技巧陈述问题范例

	举例	说明
初步问题陈述	有儿童因意外而入院治疗	初步问题陈述
增加“质性”陈述	有流动儿童因缺乏安全意识而意外触电或燃气中毒而入院治疗	说明群体集中为“流动”儿童，问题表征是“因缺乏安全意识而意外触电或燃气中毒”
增加“量性”陈述	有流动儿童因缺乏安全意识而意外触电或燃气中毒而入院治疗，其中80%是刚到本地生活不足三个月的儿童	以量化说明“80%是刚到本地生活不足三个月的儿童”的严重性
增加“行动”陈述	有流动儿童因缺乏安全意识而意外触电或燃气中毒而入院治疗，其中80%是刚到本地生活不足三个月的儿童，情况严重，应当采取措施，减少该情况的发生	增加应当采取的行动，有力说服

五、分析问题

完成陈述问题后，接下来一个关键的步骤是分析问题。忽略了该环节会导致我们即使开展了大量的服务，也无法解决服务对象的真正需求。例如，项目社工了解某社区内残疾人家庭较多，最近已发生多起残疾人自杀未遂的事件。通过收集数据和信息，项目社工发现该社区内超过 80% 的残疾人存在 3 个月以上未接触过除家人以外的其他人的情况，每天在家里自我封闭，沉默寡言，生活缺少目标。

面对以上这些数据和信息，我们要问：为什么残疾人不能外出？为什么家人不协助残疾人走出家门、接触社会？为什么大部分残疾人外出意愿低？

这些问题背后的原因正是我们要进一步分析的重点，分析后我们才可以知道我们应该做什么来满足服务对象的需求。

以下我们将重点介绍一个需求分析的工具——问题树分析法。

（一）概念与特点

问题树分析法又称逻辑树、演绎树或分解树分析方法，是一种建立在逻辑思维基础上的分析方法。它是指在分析问题的过程中，寻找一个已知的问题，通常会把这个已知的问题定为“树干”，然后基于已知的问题，思考是什么原因引起了这个问题，每想到一个原因，就给这个问题（也就是树干 / 核心问题）加一个“树根”，并描述这个“树根”的含义。我们还可以继续思考，是什么原因引起的这个“树根”，每想到一个原因，就做出记录，并持续标记“树根”，按照此方法类推，找出问题所有的“树根”。一般而言，3 层到 5 层的原因分析就足够了。除了“树根”外，进行问题树分析时还需要分析“树枝”，即由树干 / 核心问题所带来的表象，即问题对服务对象所产生的“消极后果”。如图 2-2 所示。

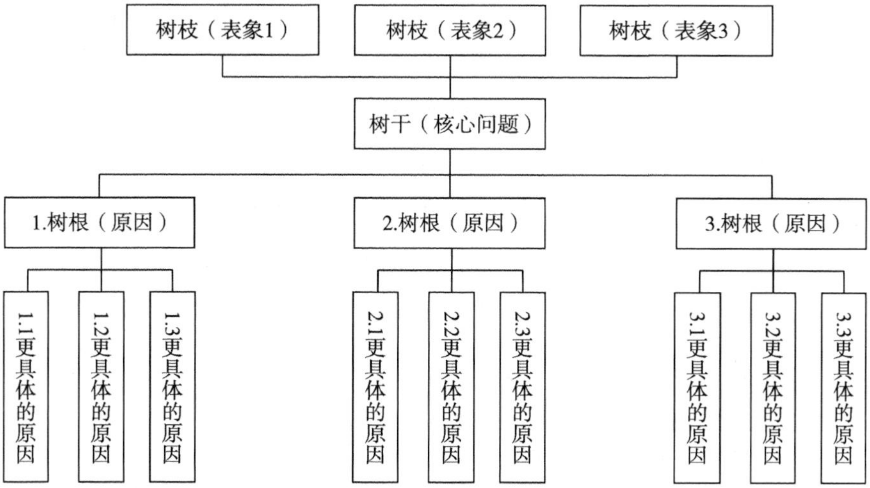

图 2-2 问题树 1

问题树分析方法能够协助我们厘清思路，不进行重复或无关的思考，其重点是将问题的所有原因分层罗列，从最高层开始，逐步向下拓展，且使横向分解的原因保持一致性，纵向分解的原因要与树干问题保持相关性。

简单而言，问题树分析方法就是通过可视化的形式，协助项目团队梳理及明确问题、原因和表象之间的逻辑关系，直观易懂，且就问题解决问题，从而有效协助项目团队确认介入的目标和对应的策略。

（二）绘制“问题树”的步骤及注意事项

1. 绘制“问题树”的步骤

（1）研究“核心问题”。核心问题是问题树分析的起点，以此问题为出发点，来寻求原因。核心问题的确定需注意其针对性，要根据研究目的来确定，通过分析解决此核心问题可以达到研究目的。

（2）建立“问题树”。首先确定核心问题引发的主要后果以及导致核心问题出现的主要原因，建立初步简单的“树枝”，再根据问题间的因果关系，分层次、时间建立起问题树。

（3）复审“问题树”。反复审查画好的问题树，根据实际情况不断进行修改与完善。

2. 绘制“问题树”的注意事项

（1）多使用“因为……所以……”的句型，以确定问题的成因与后果之间是否存在因果关系。

（2）采用头脑风暴的方式进行问题树分析，但由于分析原因太过分散，也可以尝试借助专业知识理论框架作为指导，协助解释问题的出现。如可运用生态系统理论，分别从个人、家庭、社区等多个维度来分析原因。

（3）在进行问题树分析过程中，可邀请更多的利益相关者参与，因为他们也许能帮助我们了解更多在信息收集阶段并未了解到的隐藏信息。

（三）问题树分析法应用实例

以某社区残疾人面临的出门难问题为例：

核心问题（树干）是：“较高比例的残疾人超过 3 个月未接触过家人以外的人”

第一层原因（树根）是：

（1）残疾人拒绝与外界接触；

（2）家人不鼓励和不支持残疾人外出；

（3）社区内未设置无障碍通道，致使残疾人出行困难。

第二层原因（小的树根）是：

（1）残疾人因身体残疾而产生了自卑心理，缺乏自信；

（2）家人担心残疾人外出会发生意外；

（3）社区未能真正关注残疾人群体的需求。

第三层原因（更小的树根）是：

（1）残疾人觉得自己一无是处，认为外出也无事可做；

（2）残疾人认为别人会嘲笑、歧视自己；

（3）家人没有时间陪伴残疾人外出，担心自己外出会有危险；

（4）家人缺乏保障残疾人外出安全的知识。

可见，通过问题树分析法，可以帮助项目社工将可能造成残疾人无法获得外界社交的原因罗列出来，并建立起彼此之间的逻辑关系。一般而言，分析到第三层左右就能够发现问题的原因。有的时候并不是每个原因都能够分析到第三层至第五层，例如案例中的“社区内未设置无障碍通道”，这个树根分析到第三层就可能无法继续了。

因此，通过上述分析，我们可以得到这样一个问题树（如图 2-3 所示）：

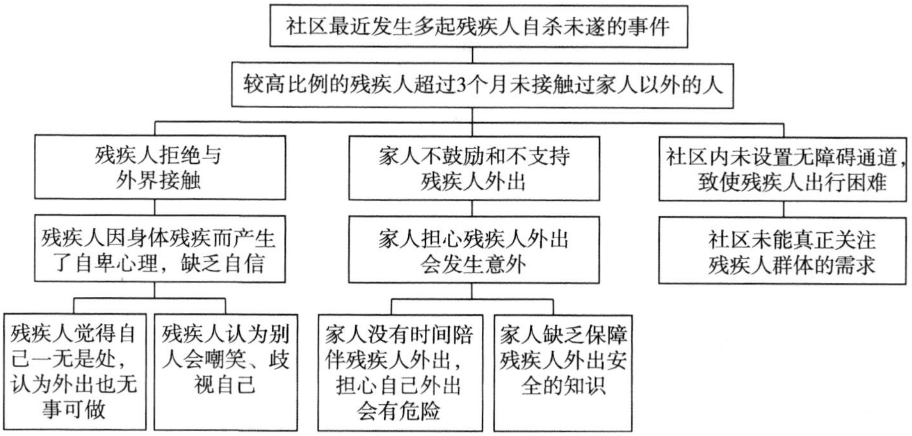

图 2-3　问题树 2

六、撰写需求评估报告

需求评估报告并不会具体地建议如何开展项目服务，所以在内容陈述上就必须清楚地描述：

（1）所针对的是需求还是问题。

（2）产生需求或问题发生的环境原因如何。

（3）现行服务措施对解决需求或问题有何不足之处。

（4）需求或问题从何时开始发生，有哪些人受到影响。

（5）社区居民对需求或问题的感受如何。

也就是说，在提出认为最适合的解决方法之前，项目社工对需求或问题界定须清楚、明确，对所收集的相关事实、证据或数据也必须具体实在，具有说服力，更好确定拟服务对象的需求所在，以便取得社会支持，进而找到解决方法。值得注意的是，不论资料来源于哪里，对资料的运用绝对要讲究正确、可靠、可信，即要关注资料的效度和信度。

综上所述，需求评估报告的撰写应包含以下几方面的内容：

（1）明确指出需求的所在、性质与严重程度。

（2）明确指出哪些人的需求。

（3）哪些人显现出何种状况及特征（可用百分比、比例或数据呈现，以说明需求不满足的程度；也可再与全国性状况或同类型社区相比较，能更呈现其严重性）。

（4）需要开展项目服务来满足需求或解决问题的理由。

（5）需要社会关注及专业协助的理由。

（6）说明在查阅相关文献及记录后，为何较少有人关注此需求。

七、影响需求评估的因素

需求评估是开展社会工作项目服务的第一步。评估主体、评估方法、评估资源等要素均会对需求评估的结果产生一定的影响。

（一）评估主体

评估主体即负责评估的项目社工，其知识背景、权力取向等因素会影响需求评估的最终结果，从而会导致相应的实务工作手法不同。如果项目社工只对上级负责，他会更倾向于运用规范性需求来诠释需求的种类；项目社工以服务对象权益为先，他就较多采取感觉性需求或表达性需求。因此，需求评估时，项目社工应该从不同的视角整合服务对象的需求，为服务项目的顺利开展奠定基础。

（二）服务对象

服务对象参与程度如何也决定了资料的客观度、全面度和深入度。需求评估是一种社会工作研究，具有道德和技术考虑。服务对象的配合、知情同意、认可度等是保证其质量的基本前提。没有评估对象的认同和参与，需求评估就无法进行。因为服务对象是未来项目服务的使用者，他们最知道自己的需求是什么。需求评估是为了更好地为服务对象提供服务，而不是为了社会工作专业和项目社工自己。因此，服务对象在需求评估中的参与应该得到积极关注。

（三）评估方法

需求评估中资料收集和分析的方法不同，使得收集资料的具体载体不同，其结论就可能不同。

在方法层面上，如果项目社工比较认同人文主义的观点，他应该比较喜欢采用定性研究方法（如访谈法等）收集资料。由此所得的需求资料主要是描述性的信息，较多为服务对象的个人感知需求，项目社工须对所得资料进行个人梳理及解读。如果项目社工比较认同实证主义的理念，他应该比较喜欢采用问卷法、量表测量法等定量研究方法收集资料，需求评估资料就较多地体现出群体特性。需要注意的是，切不可照搬境外的测量工具对中国人的特性进行测量，因为在不同文化背景下，人们的认知、行为和情感的表达方式有所不同，某些在国外视为正常的需求在中国文化中可能被视为异常或问题。

（四）评估资源

项目社工的资源多少也会影响需求评估的各个方面，资源包括人力、物力、财力、时间等诸多因素。其中，物力、财力、时间对评估的重要性较为容易理解，若这些要素不足将无法保证需求评估顺利开展。

充足的人力资源是需求评估质量的根本保证。因为项目社工既是需求资料的收集者和分析者，也是评估结果的应用者，这就对项目社工的知识背景、专业能力和素质等提出了很高的要求。如果项目社工对社会工作研究方法一知半解，由他们进行需求评估，不但有违评估伦理和社会工作伦理，也会严重影响评估质量，甚至带来负面效果；如果项目社工对社会工作知识掌握得不全面和不深入，又怎么能发现服务对象的需求、需求不足等问题及其分析这背后的原因所在呢？

综上所述，人的需求是多角度、多层面的专业概念。把握需求的基本内涵，合理进行需求测量，科学地进行资料收集和问题分析，克服多种因素的干扰，是保质保量完成需求评估从而形成合适项目方案的基础。

项目三 项目策划

3

【项目导学】

一个社会服务项目的开发，并不只是为了完成指标任务，它的主要目的是通过一系列项目活动的运作协助服务对象解决问题，进而增强能力，达到助人自助的目的。社会服务项目策划是社会服务项目有效实施的前提。因此，社工必须进行系统性的规划设计，通过完成科学的设计去达到目标设定的成效和影响力。

本项目将从项目策划的原则和要素、步骤、文书写作、策划过程中的注意事项四个方面阐述项目在策划过程中需要了解的知识要点以及工作方法，为社会工作者进行项目策划提供借鉴。

【项目学习目标】

知识目标

❶ 掌握项目策划的流程和要点。

❷ 了解项目策划的内容及具体步骤。

❸ 掌握项目策划书的结构组成。

技能目标

❶ 学会项目策划书的撰写方法。

❷ 能够灵活运用逻辑模式开展项目策划。

❸ 能依据不同群体的需求进行项目策划。

职业素养目标

❶ 认识项目策划的重要性。

❷ 有严谨、务实的分析和写作能力。

❸ 提升耐心、细心的服务意识。

任务一 项目策划概述

情境导入

小李是一名新任职的社区工作者，被安排在社区妇女之家工作。妇女代表会王主任让小李多观察社区环境，多与居民交流，查阅资料，并让其了解社区妇女的特点、需求以及在社区妇女群体中常出现的问题，尽快熟悉社区妇女活动项目的策划工作。但是小李对于项目策划的含义、原则、流程等还不甚了解，特请教了他人。

任务要求

请思考项目策划的原则是什么，项目设计的五要素包括哪些方面。

子任务 1 项目策划概述

工作任务

了解项目策划的基本概念、原则等相关内容。

知识准备

一、项目策划

（一）项目策划是一种活动

项目策划是指在前期需求评估、调研分析的基础上，从具体服务目标群体的实际需要和实际情况出发，通过设计未来计划实施的服务方式和服务活动来回应目标群体服务需求的一种活动。

（二）项目策划是一个过程

项目策划是一个具有建设性、逻辑性的思维过程，是为回应问题而制订切实可行方案的过程。在此过程中，总的目的就是把所有可能影响决策的因素总结起来，对未来起到指导和控制作用，最终达到方案目标。主要包括确定项目的范围、设计项目的内容、完成项目方案撰写三方面的内容。

二、社会服务项目策划的原则

社会服务项目有助于推动公共服务体系的完善，推进基本公共服务均等化、可及性，创新公共服务提供方式，满足人民多层次多样化需求，使改革发展成果更多更公平地惠及全体人民，具有公共服务的性质。在策划社会服务项目时需要遵循一定的原则，包括社会性原则、经济性原则、可行性原则、灵活性原则、创新性原则和时代性原则。

（一）社会性原则

社会组织提供的服务不是追求经济效益，而是把社会效益、公共效益放在首位，这是满足人民日益增长的美好生活需要的重要途径。资金来源于政府、基金会和社会捐赠等，属于社会资金，应该接受社会的监督。正常的社会生活是大多数人的基本要求，是公民应享有的权利，也是社会秩序、促进社会和谐的基础。因此，社会服务项目的策划要从整体利益出发，为困难群体提供无偿或低偿的专业性服务，改善其生存状况，帮助其提高抵御社会风险的能力。

（二）经济性原则

经济性原则，即项目的实施过程中应当以最小的成本，实现、获得最大的社会效益，或者说为实现一定的服务目的，应当选择最简便的方法和手段。经济性原则的核心在于效益和适度。社会组织必须满足政府以较少的投入撬动更多的社会资源加入的要求。要想服务项目做得好，并能持久发展，在这个共创共享的时代，社会工作者需要充分了解现有的资源，拓宽资源渠道，多一点跨界合作的思维，充分整合社会资源，撬动社会各界的爱心力量，联合发展，联动解决问题，共同为社会服务项目服务。更多的资源引入，有助于我们站在更广阔的空间来回应、解决现有问题。

（三）可行性原则

可行性可以分为主观的可行性和客观的可行性。主观的可行性是指社会组织具有做该项目的知识储备、物力资源和相关的执行能力，项目的方向、内容与现有的团队能力、社会组织的业务领域、实务工作经验相匹配。项目服务在理念、方法、管理机制等方面具有专业水准，能够体现“专业人做专业事”的理念，充分发挥社会组织的专业特长和服务优势。客观的可行性是指项目的策划获得相关方的外部支持，能够获得人力、物力等外部必要资源，进而促进组织机构最终能达到该项目的目标。

（四）灵活性原则

灵活性原则，也称为变通性原则。项目有它的生命周期，项目的策划也要具有灵活性。社会服务性项目策划只是一个构思，是一个计划，我们有时在服务中会发现服务对象的需求在不断变化，项目并没有像我们预计的那样朝着达到新目标方向发展，因此策划不是一成不变的教条。如当遇到天气、场地变动等突发情况时，社会工作者需要根据现实情况进行相应的服务场地或服务活动的调整，因此，在策划时必须留有空间，做好预案。

同时，我们的服务也应该不断升级发展。在项目内容、形式、服务方法、服务思路上实行动态管理，根据服务需求、具体的实施情况不断更新迭代，让服务项目在不断变化的环境及需求中保持长青。

（五）创新性原则

创新性原则主要体现在两个方面：第一，针对的问题具有创新性，即社会工作者寻找到新的需要解决的社会问题，或是没人发现，或是没人回应，或是此前较少被关注到，或是大家发现了但是没人愿意、没人敢回应的社会问题。第二，解决问题的方法具有创新性，即项目选择了新的观察视角，或运用新的服务方法，解决一直存在的问题。

（六）时代性原则

社会群体是否关注是项目能否获得支持的重要因素，项目策划要考虑社会关注的热点问题，依据对项目的具体实施地点及服务群体的实际情况进行合理策划，因地制宜、顺势而为。除此之外，还需要清楚把握国家政策信息、热点话题、新闻事件等，多发现、获取和积累数据和信息，做生活中的“有心人”。

子任务 2 项目设计的五要素

工作任务

了解项目设计的五要素的相关内容。

知识准备

在项目设计中，我们需要考虑以下 5 个因素。

一、选题

社会组织需要根据自己的实际情况和结合当前社会问题的分析来选择自己的服务项目。可采取SWOT分析法进行分析筛选，其中,S代表优势（Strengths），W 代表劣势（Weakness），O 代表机会（Opportunity），T 代表威胁（Threats）。

“优势”是指社会组织在完成项目过程中有哪些优势。有形的优势如人力资源、物力资源、实务服务经验、支持关系网络等；无形的优势包括服务价值观、职业道德、影响力等。社会组织有清晰的角色定位、形象定位、目标使命和公信力，既是一种重要的竞争优势，也是一种宝贵的无形资产。

“劣势”是指项目实施过程中，有哪些地方和条件存在的不足。

“机会”是指实施项目有哪些有利的外在条件。机会最重要的有服务的需求、定义项目要解决的问题、找到问题所涉及的人在哪、选题时关注他们的需求、获得足够的目标人群的参与。机会还包括国家政策、社会的大环境、社会意识的提升、技术的发展等。

“威胁”是指项目可能会遇到的不确定因素。如财务状况不好，或团队成员经常变更，对项目都会形成潜在威胁。

依据以上 4 个因素的分析，优势要大于劣势，机会要大于威胁，才能够协助社会工作者在设计选题时有效规避风险，提高项目的可行性。

二、设计

项目设计时要关注热点问题、关注服务群体真正要解决的社会问题，通过助人自助、赋权增能、优势视角等理念设计其中的模式，通过活动引导和唤醒服务对象的自我意识，协助他们有能力、有意愿解决自己的问题，形成互助氛围，促进社会资本的增加，使社会资本更加丰厚。每个人的行为表现，会受自己所处的环境影响，社会工作者要关注环境的改变给人带来正向影响，促进人与环境相互适应。

三、组织

在项目设计的过程中，要关注多方参与，对所需要的多种资源进行有效合理的配置。社会工作者需要了解自己现有的资源，包括拥有或能调动的资源类型的数量、质量、便利程度、使用成本等，及时了解目前资源方面的欠缺，有针对性地进行资源的开发利用，同时也能避免资源的闲置与浪费。从项目成效角度来说，多方参与能让项目所处的环境得以多方面改变和获得支持，加速成效实现。

四、实施

在项目实施中关注服务对象的变化和个人特质，进而设计一些模式和制度带动服务对象的积极性，引导他们的成长，从而改变他们。在运作过程中及时调整服务方案，优化标准化的流程、制度保质保量。

五、成果

一个好的项目，应该是一个成熟、可复制、可自运营、可持续发展的产品。项目运作时关注推广与复制，基于服务项目的有效性、易操作性、需求满足的普遍性等可在更大范围内进行复制推广，最终被其他地区或社会组织学习和掌握，发挥项目的最大效应，帮助更多有需要的人。

任务二 项目策划的步骤

情境导入

小李通过深入调查，了解社区聚集了大量外来务工妇女，并通过走访、调研，掌握了外来务工妇女的结构、文化程度、从事职业、生活状况和愿望，并向妇女代表会王主任汇报了相关情况。王主任提议让小李策划主题为“关爱外来务工妇女”的项目。如果你是小李，你会如何完成该项策划任务？

任务要求

请思考项目策划一般需要哪些步骤。

子任务 1 项目策划的基本步骤

工作任务

了解、掌握项目策划的基本步骤的相关内容。

知识准备

从构思到最终形成一份项目策划，一般会经历以下环节。

一、发现一个需要回应的社会问题

当大量居民意识到现在经历着的某些情境或状况是需要改变的，或者是“个人的不满”已经扩大到“受到广泛关注”时，便成为急需解决的社会问题。一方面，这标志着居民或社区群体或目标服务群体对于问题的觉醒意识提高，即群体的需求是复杂多样的，即使同一个群体，也因其个人所处的环境以及内在的心理状态等因素的影响，都会有不同的呈现；另一方面，由于社会问题的存在和发展与现行社会运行和社会结构具有一定关联性，因而需要社会工作者全面、充分了解清楚问题的成因、发展，进而解决问题。

二、收集资料，向相关方了解对该问题的看法

数据收集的方法主要包括以往服务及项目的分析和总结，同时结合社区调查、访谈（焦点小组）、文献、观察等方法。采用定量研究可以较客观地呈现需求和问题的状况；采用定性研究针对某些特定需求和问题获取更加详尽而结构化的资料数据。

通过 5W 的方法向相关方初步了解问题和看法。5W 是指发生什么事情或出现了何种问题（What）、跟谁有关（Who）、什么时候发生的（When）、发生的地点在哪儿（Where）、为什么会出现这种事情或问题（Why）。针对以上 5 个维度进行客观的描述，初步了解目标群体及问题。

三、分析问题，罗列可行的应对策略

通过前期资料的收集，社会工作者了解清楚问题的成因，可以借鉴“问题树”作为分析工具，聚焦核心问题，层层分析问题产生的原因，识别重要成因，找准实际需求，把所要解决的问题真实、客观、聚焦地反映出来。明确问题的具体表现形式以及在什么情况下会出现此类问题。只有准确分析问题、澄清问题，社会工作者才能制定清楚的介入目标和确定项目设计方向。

分析问题的过程中，可以借鉴问题陈述 QQA 模式，包括质性陈述（Qualitative Statement），即问题的性质与内容；量性陈述（Quantitative Statement），即问题的严重程度；采取行动之有力依据的陈述（Justification for Action Statement），即针对问题应采取的行动。

如某社区独居老年人居家安全项目的初步问题可以表述为：“在某社区中，老年人面临居家安全问题。”增加“质性”“量性”后的陈述为：“在某社区中，70% 以上的老年人面临居家用电用气、防火防盗、防烫伤、急救自救等安全问题，如果是高龄、独居老年人遇到突发情况不知道如何处理，发生安全事故的概率更高。”增加“行动”的陈述为：“在某社区中，70% 以上的老年人面临居家用电用气、防火防盗、防烫伤、急救自救等安全问题，如果

是高龄、独居老年人遇到突发情况不知道如何处理，发生安全事故的概率更高。因此，需要开展老年人居家安全知识宣传、居家安全隐患排查、防诈骗活动、电访慰问活动等服务，提升老年人居家安全意识，减少老年人安全事故的发生。”

四、设定方案目标

（一）目标的确定

项目目标的设定过程就是建立目标体系的过程，目标是项目设计的基础与出发点，所有的项目活动都是围绕着目标进行的，所以对项目进行设计，首先要明确目标。

所谓“目标”，简而言之就是服务结束后，能够给服务对象或服务群体带来正向的成长、改变或影响。判断服务项目是否具有专业性，主要看目标设定是否站在服务对象的角度及立场、是否符合服务对象的需求、是否给服务对象带来积极的改变和影响。

目标的设定首先需要明确目标的层次，目标层次包括宏观、中观和微观三个层面，宏观层面的目标是指社会、政策层面的目标，包括该服务对整个社会带来的影响，如政策倡导、社会认知、社会意识提升等；中观层面的目标是指群体、家庭或社区层面的目标，包括构建该群体或家庭的社会支持网络，营造和谐融洽社区氛围等；微观层面的目标是指服务对象个人层面的目标，通过接受服务，服务对象在知识、技能、方法、态度、行为、情绪、关系、价值观等方面有所改变。

（二）目标的制定方法

1. SMART 原则

SMART 原则由管理学大师彼得·德鲁克（Peter Drucker）提出，首先出现于他的著作《管理实践》（*The Practice of Management*）一书中。

S 代表具体（Specific），指设定目标时候需要具体，要切中特定的工作指标，不能笼统；M 代表可度量（Measurable），指目标设定需要是数量化或者行为化的，是可以衡量的，验证目标达到的数据或者信息是可以获得的；A 代表可实现（Attainable），指目标在付出努力的情况下可以实现，避免设立过高或过低的目标；R 代表相关性（Relevant），指目标之间是相关联的，单个服务目标符合整体项目目标的设计；T 代表有时限的（Time-bound），目标的实现要有明确的时间期限。

2. QQT 原则

第一个 Q 代表数量（Quantity），要求以量化表述指标，如“85% 参加禁毒教育活动的青少年增强了毒品的防范意识，有效抵制毒品危害”。

第二个 Q 代表质量（Quality），要求具体地表述改变范围和改变内容，如“85% 参加禁毒教育活动的青少年，能对社会上出现的各类型毒品进行辨别、知晓毒品危害、掌握毒品拒绝技巧，提高对毒品的防范意识，有效抵制毒品危害”。

T 代表有时限（Time-bound），指达到改变的时间期限。如“通过参加 6 次禁毒教育小组活动，85% 参加的青少年，能对社会上出现的各类型毒品进行辨别、知晓毒品危害、掌握毒品拒绝技巧，提高对毒品的防范意识，有效抵制毒品危害”。

3. 目标的自我检查

第一，需要检查目标层面是否与原定设想相一致：其属于宏观层面还是中观层面抑或是微观层面，该目标是否有效回应服务对象的需求。

第二，检查目标是否有效：改变范围及改变程度是否与原设想相一致，是否可观察、可测量，是否有重叠的目标。

第三，排列目标：按照重要性进行排列，可将最重要的优先排列在第一位。

第四，确定目标：是否符合整体逻辑，符合项目的总体目标设定。

五、选择策略，界定方案范围

（一）服务策略的选择思路

部分社会工作者在选择服务策略的时候会考虑自己是否能够顺利完成这种策略，而忽略了选择的策略是否能够真正解决问题。针对迫切需要解决的问题，社会工作者重点要抓住事物的主要矛盾，也就是核心问题，围绕核心问题积极寻找解决该问题的若干种可行性方案，进行分析比较，结合社会工作者的能力以及可调动的资源提供服务，采取创新、有效的解决方案。策划者可通过分析该问题的主客观环境，识别哪些目标最需要回应，哪些策略组合最能带来正向的改变，并结合资助方的要求、机构解决问题的能力、利益相关方的分析以及项目的可持续性等进行解决问题策略的选取。

（二）可行性策略筛选模型

策略选择可以采用“可行性策略筛选模型”，主要包括以下6个方面：一是效率，指策略需要资源投入和服务产出的比值；二是效果，指策略执行对于目标实现程度以及给服务对象带来的影响或改变的程度；三是可行性，指实施这个策略达到成功的程度，包括是否实际可操作、项目执行者能否完成这个任务；四是重要性，指该策略是否能够直接增强服务的效果与推动进程；五是公平性，指该项策略是否公平地提供给有需要的个人或团体；六是附加影响，即关注该项策划执行过程中可能会出现的意外事件或意外效果，如是否会对社会或其他团体及个人产生负面影响。

（三）最优原则

策略选择还可以采用“最优原则”，主要包括以下6个方面：一是该方案是否符合社会组织制定的目标及最优顺序。二是社会组织是否有足够的资源来完成该方案？该项目是否是社会组织必须推行的。三是该方案所提供的服务是否被服务对象和社会成员所接纳。四是能否测量出该方案的服务效能，该方案所产生的效益是否比成本更重要。五是该方案是否具备可操作性。六是在推行该方案时，是否有严重的危机产生。

（四）服务范围的确定

需求调研及问题分析完成后，社会工作者可以从以下6个方面来确定服务范围。

（1）服务提供者，即由谁来提供服务。出资方、落地方、承接方和其他利益相关方需要确定权利和义务边界，明确职责，各司其职。

（2）服务接受者，即给谁提供服务。对社会服务项目的目标人群的实际需求进行调查研究，了解目标人群的数量、基本特征、具体需求或问题状况以及这种目标是否需要社会干预。

（3）服务地点，即项目的具体实施地点，涉及目标群体及其所在区域。

（4）服务内容，即提供什么样的服务。

（5）服务容量，即提供多少服务，受限于涉及机构的人力资源的配置、团队成员的个人能力情况等。

（6）服务资格，即受到什么样的服务资格限制。

六、设计方案内容

设计项目内容主要包括具体的项目背景、项目的目的和具体的目标、项目的产出和投入、需要完成的任务、项目预算、项目效果及风险评估等。执行不同的目标对应其方法及完成的服务项目内容，需要充分考虑以下问题：完成项目活动最重要的是什么？由谁来负责完成每项活动或任务？重要的活动应该在何时何地开始？完成期限是什么时候？完成每一项活动需要的资源是什么？

5W2H分析法又称为“七问分析法”，用5个W和2个H开头的英文单词进行设问，让社工在项目策划中，能抓住问题的本质进行构思，从而发现解决问题的线索，洞察事物背后的真正动机和目的，抓住项目策划内容的主骨架，有利于全面考虑活动各个因素，做好全面准备及策略。见表3–1。

表3-1　5W2H分析法

分类	说明
What	何事？目的是什么？做什么？包括目标、主题、对象、结果
Why	何故？为什么要做？可不可以不做？有什么替代方案？包括原因、核心、信念、本质
Who	何人？由谁来做？对象是谁？受益人群是谁？包括人员、负责人、相关群体
When	何时？什么时间做？什么时机最适宜？包括时间、顺序、排序
Where	何地？在哪里做？可以在哪些地方？包括地点、场所
How	怎么做？用什么方法做？如何实施？包括方法、形式、办法、措施
How much	多少？做到什么程度？数量如何？费用产出如何？包括成本预算

（一）以 Why 确定项目的目的与意义

在活动策划之前，需要从多方面了解项目的目的和意义，包括了解利益相关方的期待和目的、现状和需求，即期望通过项目达到什么样的目的。因为利益相关方的需求不一样，因此社工在策划的时候，要站在不同的立场上。用 Why 来进行全方位思考，洞悉活动背后真正的 Why 和意义所在。

以青少年校园禁毒项目为例，当今社会，青少年吸毒问题已成为广泛关注的社会性问题，据数据统计，涉毒人员越来越低龄化，青少年也成为吸毒的主要人群。2015 年 6 月，习近平总书记在会见全国禁毒工作先进集体代表和先进个人时强调，禁毒工作要从青少年教育抓起，从广大人民群众教育和防范抓起。国家提出了青少年毒品预防教育工作规划，要求以学校为阵地，力争构建青少年毒品预防教育工作体系，校园毒品预防和宣传教育工作成为禁毒工作的重中之重。

通过社会工作介入校园禁毒宣传教育的视角对我国青少年禁毒工作领域具有一定意义的实践作用，弥补传统禁毒教育中的不足，符合国家的现实国情和社会政策的要求。联合相关党组织、学校、爱心企业等组织，推动党员发挥先进示范作用，联合学校家长参与，动员全社会关注关心关爱青少年群体的健康发展，鼓励更多人和单位组织用实际行动支持、参与禁毒宣传活动。

（二）以 Who 确定人员、相关人群和分配人员

项目策划中，社会工作者需要清楚面向的服务对象是谁，利益相关方是谁。

1. 确定参与对象

青少年校园禁毒项目中，直接参与对象包括学校、学生、家长、社区街道、企业单位等，所以在活动中需要思考并设计与该群体有关的内容，符合这些群体特点，照顾这些对象的需求。

2. 确定倡导主体

除了直接参与对象，还会涉及项目的相关组织方、协作方，除内部其他部门的协作，同时也要联动外部的单位组织作为活动协作方，如联动高校志愿者、禁毒公安、新闻媒体等，并要巧妙安排他们在活动中发挥倡导和传播

的角色作用。

（三）以 Where 和 When 来确定活动地点和时间

Where 是场所、地点；When 是时间、时候、日期。

1. 结合特定时间和目标找地点

校园禁毒项目在策划时，Where 涉及各项活动的场地，包括宣讲活动场地、活动签到点，相关材料物资存放地点、学生禁毒宣传作品展示地点、拓展训练场地等，也包括社会工作者、协作人员、志愿者等工作人员的区域划分地点。

2. 根据环节、内容确定时间

青少年校园禁毒项目的时间可以依据具体工作流程步骤、不同项目内容来拆分，包括筹备期间的时间推进节点，服务对象招募时间节点，项目活动节点（包括服务次数、时长、各环节时间分配）等。

（四）以 How 来进行活动设计

How（怎么做）是整个活动策划的核心内容，需要花费大量的时间、人力、物力进行。社会工作者需要紧扣项目目标和服务需求，明确详细的、可操作的实施步骤，还包括具体可实施的操作步骤和内容、明确的人员分工、精准的时间安排及把控、精细的流程、精确的物料筹备等。

除了活动的可行性，在创意策划方面也是必不可少的。结合青少年的群体特征，将青少年禁毒项目和“互联网 +”相结合，开发与禁毒相关联的游戏 App 或者是微信小程序，提高青少年群体对学习的积极性，感受到我们想要传递的信息。

在活动的细节分工与安排上，社会工作者也要做到将任务明确到个人，依照不同的活动形式和活动内容进行人员分工、物资准备、场地准备，同时要及时跟进各项工作进度，还需要具备前瞻性并提前做好风险管理。通过动员多方社会力量，共同参与体验，促进“识毒、防毒、拒毒”意识的提升。

（五）以 What 确认活动的主题和成果

What 代表活动的主题、服务定位（面向人群 / 特点）、关注点，同时也代表着活动的收获成果。

好的项目主题往往意味着强大的号召力、影响力和传播力。通过结合时下公众关注的热点来进行活动的定位，将国家政策、公益理念传递给每一名项目参与者。通过借助信息化手段，如朋友圈、电视台和报纸等媒体进行多方位的传播，让“识毒、防毒、拒毒”等相关知识得到全面的传播。

除了协助青少年群体了解毒品及其危害，提高禁毒意识和自觉抵制毒品侵袭能力外，还要运用优势视角，组建青少年禁毒志愿服务队，在社区范围内进行宣传、倡导，以自身推动社会禁毒活动的进程，增强青少年群体的自我意识、社会价值感和社区支持网络，也是活动很重要的成果产出。

（六）以 How much 确定活动的投入产出

项目活动的设计需要投入各种资源，如人力、技术、资金、政策等，来支持我们做出的行动。活动前期需要先设定一个支出监控指标，在成本投入方面要争取多方资源，如相关服务单位愿意资助活动经费、学校愿意投入成本资源，所在社区拥有的资源等。通过一个活动成本共同参与的行动，从而让更多个人或者组织作为主体参与其中，才能达到很好的行动效果。

七、制订项目预算

项目预算是一系列有目的的、有序的、在一定期限内待完成的活动财务计划，其对于整个项目的顺利实施是非常重要的。经费主要用于以下支出。

人员费用：包括工资、奖金、五险一金和以上支出导致的税费等。人员薪酬是社会工作项目的主要支出。

专业支持费用：包括外聘、内部的督导补贴，社工交流学习、专业培训等产生的费用。

专业服务费用：包括开展专业服务所需的物资、交通、食宿、志愿者劳务补贴等费用。

日常办公费用：包括日常印刷费、邮寄费等。

机构管理费用：包括机构管理人员工资、团队建设、发展储备费等。

其他费用：包括中标费用、相关税费等。

严格控制食宿费用、服装费、纪念品费、大额现金支出等开支。

值得注意的是，经费预算制订需要详细了解、准确把握出资方的要求，是否对某些项目有详细要求，或哪些项目不能够列入经费中，因而需要专业性较强的财务人员参与和把控，如果项目预算费用不符合规范要求，则无法通过评审，在实施过程中，也容易出现财务问题。

八、建立监控和评估机制

明确项目监控的内容。监控与评估是项目实施过程中非常重要的部分，也是完成项目目标的重要保证，应该把监控与评估机制写进项目策划书中。监控与评估的目的是达到项目预期的目标，使项目在实施过程中，及时吸取经验及督促项目按时进展。

九、撰写方案

撰写项目策划书是项目策划的文书写作部分工作，也是申请环节的第一项内容。项目策划书也称为项目申报书，不同地区、不同级别、不同组织的申报版本各有不同，但基本上包括封面、目录、项目概要、机构介绍、项目概述、项目预算及附件。

在确定项目方案的思路后，项目申报机构需要明确哪些人员要参与撰写工作，项目撰写人员需要对项目的背景、可行性、创新性进行有效把握，对相关信息要求要非常明确和了解。在项目主管负责人的协调下，与相关利益方进行沟通，先完成项目书的初稿，再进行内部的交流与反馈，以及向专家、督导进行咨询与论证，经过充分的讨论与修改，最后形成终稿。

子任务 2 项目策划的逻辑框架

工作任务

了解、掌握项目策划的逻辑框架的相关内容。

知识准备

一、逻辑框架

清晰的项目逻辑设计是成功的一半。

逻辑框架（Logical Framework），也叫逻辑模型，是一种用于识别项目资源、活动、产出和结果，及其之间关系的方法和工具，使用这一工具所产出的结果称为逻辑框架。逻辑模型起源于美国 20 世纪 70 年代，至今已有近 50 年的历史。但它真正在非营利组织中被推广使用是近 20 年的事。

在逻辑模型的推广中，有两家组织起到关键性作用：一家是美国原联合劝募（United Way of America，现称为全球联合劝募，United Way Worldwide），于 1996 年发布《测量项目成果：一种实践方法》，用逻辑模型描述项目、测量成果，引起大家对逻辑模型的重视。另一家是凯洛格基金会（W.K. Kellogg Foundation），该组织于 2001 年发布《逻辑模型开发指南》，大力推广使用逻辑模型。

这张用于解释逻辑模型的表正是来源于《逻辑模型开发指南》，从投入→活动→产出→成效→影响，以简单的图像来表达投入、活动、产出、成效及影响的关系，以展示投入和成效是否平衡、是否具有逻辑性和合理性的因果关系。投入和活动是计划的工作，产出、成效与影响是预期实现的效果。见表 3–2。

表 3-2　逻辑模型

计划的工作		预计的效果		
投入 →	活动 →	产出 →	成效 →	影响
所投入的资源，如人力、物力、设施、设备	利用投入来达成目标的各项工作及服务	所提供的服务以及所完成服务的质量	服务对象接受服务之后所呈现的益处和改变	在组织、社区或体制中，因服务提供而产生的改变及深远影响

（一）投入（Input）

投入是指投入的资源，包括服务对象、工作人员、资金、实物、场地、设施、时间和专业技能等资源。“投入”并不是简单地罗列项目资源，或资源堆砌，而是需要社会工作者基于需求和目标进行思考，即为了达到项目效果，需要何种资源的投入，需要如何统筹协调资源以发挥资源的整合性效果。

假如要开展一次认知障碍症社区倡导公益健走活动，社会工作者需要思考：参与人群是谁？活动场地在哪里？由谁提供？活动服饰、活动资料等物料分别有什么？是否需要联系志愿者协助？是否需要医疗救助队伍应对突发安全事故？

（二）活动（Activity）

“活动”的改变并非我们日常使用到的“小组活动”“讲座活动”“宣传活动”等简单含义。活动是指为完整实现项目目标而调动和使用的各种资源的所有的专业服务行动和服务工作。活动可以使用动词来表述（如开展、协助、组织、建设等）。活动有既定的程序和要求，由相关人员专门负责，以保证服务质量。活动内容应当与项目明细表中的活动相一致。例如要开展“困境青少年家庭成员支持项目”，为达到目标，所需要的活动包括建立家庭成员档案、开设家长课堂、学业辅导课程讲座等。

（三）产出（Output）

产出是指实施各项活动而产生的产品和服务，目的是确认服务对象实际接受的服务量。可以从以下几个方面进行测量：

活动单位：服务对象接受的活动量。如开展 4 次禁毒宣传社区讲座。

事件或接触单位：是指社会工作者与服务对象之间的一次接触，相当于“人次”。如为学校、家庭和青少年提供有关毒品知识和防毒知识的咨询服务共计 3000 人次。

物资单位：计算提供给服务对象的物资。广告公司为“认知障碍症社区倡导公益健走活动”提供了 5 个广告牌和 100 份宣传册。

（四）成效（Outcome）

成效是指通过使用项目的产出，为服务对象（个人、家庭、群体或社区）而带来的短期或中期的直接益处和改变。这些益处和改变包括知识、技能、情感、行为、价值观、态度、能力等，成效能够被增加、减少、增强、改善或维持。如减少旷课次数、增加 2 种正确表达情绪的方法、改善亲子关系等。

（五）影响（impact）

影响是指由成效积累导致的长期或全面的变化，在组织、社区或体制中带来深远长久的影响。如独居长者居家意外发生率从 7% 下降至 3%。

二、逻辑框架的应用

一个应用项目逻辑模式的项目策划过程会从成效、影响开始，逐步规划出产出、活动以及投入。

（1）先深入了解项目涉及的服务对象和需要回应的问题是什么。

（2）希望通过解决问题，产生什么长远的影响。

（3）要产生这些长远影响，需要在项目结束时达到什么成效。

（4）要达到这些成效，需要达成什么产出。

（5）要达成这些产出，需要完成什么活动。

（6）要完成这些活动，需要投入什么资源。

以“A 农村留守女童预防性侵害安全教育项目”为例，示范逻辑模式在项目策划中的应用（见表 3–3）。

表3-3 逻辑模式在项目策划中的应用

	A 农村留守女童预防性侵害安全教育项目
问题	近年来，针对农村留守女童的性侵案件频繁曝出，令人震惊与担忧。通过调研 A 农村的 60 名留守女童，发现她们在认识身体能力、识别性侵害能力、自我保护能力这三方面较欠缺。研究显示，通过开展女童预防性侵害能力教育活动，增强女童对身体部位的认识，有助于留守女童提高自我保护意识和自我保护能力
影响	将女童性侵事件的发生概率维持在“零”
成效	要把女童性侵事件维持在“零概率”，需要：提高女童对自己身体结构的认识能力，识别性侵害能力，自我保护能力
产出	要达到这些成效，需要：为 60 名女童准备健康保护资料包；开展 20 期专题教育培训班；每 2 周上门探访一次；为每人建立个人档案；提供一次健康检查；开展 4 次主题教育活动
活动	要达到这些产出，需要：开展 20 期培训班，分 3 个班进行，每个班 20 人，每次课堂 90 分钟；印发女童自我保护指导手册；宣传保护留守女童安全的法律知识讲座；开展监护人法治教育讲座；建设保护宣传栏
投入	要完成这些活动，需要：2 名全职社工、1 间容纳 20 人的课室、1 名心理咨询师、1 名专业医护人员、经费 ××× 元

三、逻辑框架的设计流程

本小节将介绍一个逻辑框架模型的设计方法——“逻辑框架八步法”（如图 3–1 所示）。

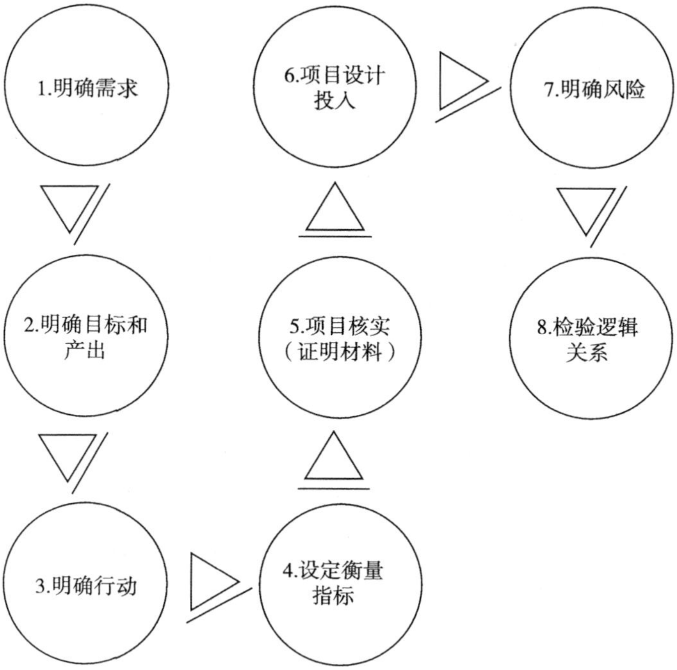

图 3-1　逻辑框架八步法

（一）明确需求

服务源于需求，服务需求的明确是开展服务的基础。只有明确了服务需求，才能确定服务目标，最终制定相应的服务策略。我们需要聚焦项目群体，了解项目群体的数量、基本特征、具体需求或者问题状况，以及明确是否需要进行干预。

（二）明确目标和产出

目标是指项目策划的总体目标，是工作的方向和想要达到的目的，所以目标必须是合理的、清晰的、能够直接回应服务对象需求的目标。

（三）明确行动

项目行动是指在规定时间内把项目投入转化为预定产出和成果的活动。我们可以通过四个步骤来明确项目行动。

步骤一：罗列行动

项目策划团队成员可以通过头脑风暴，集思广益，将所有有助于目标实现的、能够执行的、有可能的行动都罗列出来。以“解决社区共享单车乱停乱放现象”为例，可以罗列的行动包括：

（1）社工内部组建巡察团队，轮流进行检查监督；

（2）社工建议社区、街道、物业等相关责任方建立督查小组；

（3）社工组建一支居民志愿者服务队，分批轮流对社区内共享单车停放情况进行检查督促。

步骤二：分析行动

在此环节，需要对项目行动从投入成本、人力资源、物力资源等方面进行衡量、评估，以确保项目行动为相对最佳选项。可以采用“多标准决策分析技术表”来分析项目行动。多标准决策分析技术表包括成本、可行性、效益、社会风险和时间投入 5 个方面。前 4 个方面可以划分为高 / 中 / 低 3 个等级，时间投入划分为长 / 短 2 个等级。

表3-4　多标准决策分析技术表

	行动一：社工内部组建巡察团队，轮流进行检查监督	行动二：社工建议社区、街道、物业等相关责任方建立督查小组	行动三：社工组建一支居民志愿者服务队，分批轮流对社区内共享单车停放情况进行检查督促
成本	高（每日均需要安排轮值社工）	低	中
可行性	高	不确定（需要多方配合，责任分配可能会出现扯皮现象）	高

续表

	行动一：社工内部组建巡察团队，轮流进行检查监督	行动二：社工建议社区、街道、物业等相关责任方建立督查小组	行动三：社工组建一支居民志愿者服务队，分批轮流对社区内共享单车停放情况进行检查督促
效益	低 （社工的人力投入高，可是得到的服务效果却低）	高	高
社会风险	低	不确定	低
时间投入	长 （需要长期维护）	不确定	短

通过表 3–4，我们可以直观看到，行动一成本高、效益低、投入时间长；行动二存在 3 个不确定因素，难以判断；行动三成本中，但可行性高、效益高、投入时间短，从而可以得出结论：行动三是目前对比而言的最佳项目行动。

步骤三：细化行动

针对最佳项目行动，进行细化，即明确行动项目包含的各个关键活动。以“行动三：社工组建一支居民志愿者服务队，分批轮流对社区内共享单车停放情况进行检查督促”为例，我们可以进一步细化该行动为：

（1）在社区内招募志愿者；

（2）组建志愿者服务队，对志愿者进行培训；

（3）对志愿服务队进行分组安排，每组选出一名负责人；

（4）前期社工带领志愿队进行检查，协助志愿队总结反思；

（5）志愿者服务队独立开展检查督促工作。

步骤四：排序时间

对关键活动的开展时间、所需时间进行排序，建立活动时间表，以保障项目活动的有效开展、有效实施（可以使用甘特图工具进行辅助，本书的项目五将详细阐述）。

（四）设定衡量指标

指标是衡量项目是否实现了目标体系（总目标、分目标、产出的标准），是用来衡量目标的实现程度的。一般指标包括以下5个要素：目标群体（项目针对的服务对象是谁）、数量（项目服务的覆盖面）、质量（服务成效）、时间（方案什么时候实施、成效什么时候能够体现）、地点（方案实施的地点）。

在制定指标时，我们常常会使用具体的数字或者百分比的形式来表示目标实现程度。关于数字或者百分比的确定并不是随意决定或空想而来的，它要求我们有相应的推算依据。我们要依据现实情况，思考目标的影响范围和做出适合社工能力的指标。百分比的衡量指标是由得到改善的服务对象的人数/项目所服务到的总人数得出的。

首先，要清晰地了解服务基数或者相关前测数据。如设定项目目标是“提升社区老年人的生活质量”，第一，要知道该社区老年人的数量是多少人，服务覆盖的人数是多少。第二，要“提升生活质量”，就要通过老年人幸福指数量表知道现阶段社区老年人的质量分值是多少，即前测数据是多少。假设社区里有老年人1000人，社工有2人，每位社工需要服务500人，是不符合社工服务能力的。若此次项目设定服务覆盖50人，社工的服务是否能够对总体目标产生足够大的影响，服务的影响力是否符合要求。

其次，要清晰了解可以运用的资源。包括项目资金、人力资源、社区资源等。如投入2名社工，预计资金2万元，社区志愿者30人，社区医务人员8人，估计项目至少可以覆盖150名社区老年人。

（五）项目核实

项目核实又称为证明材料，即通过使用可视化的材料展示、证明项目策划的目标、产出、活动是否达到。项目核实应该是容易获得的、可测量的、及时有效的。如在开展小组活动前，我们对小组成员进行自尊程度的测量；在几次小组活动后，我们再次进行自尊程度的测量，进行前后测试对比证明服务的有效性。项目核实可通过列项呈现，见表3-5。

表3-5 项目核实表

目标	指标	证明材料
项目周期内，职业女性家庭－工作角色冲突得以缓解改善	75% 的服务对象家庭工作角色冲突得以缓解，减轻心理压力	Grzywacz & Marks 家庭工作角色冲突量表；临床压力指数量表（ICS）
活动	指标	证明材料
“关爱外来务工妇女”系列活动	4 场活动，每场 50 人	活动报告、人员签到表、现场图片

（六）项目设计投入

在项目设计投入时，我们需要综合考虑具体的活动设计情况，可能需要投入的“材料”，包括人力材料（项目执行团队、志愿者资源、督导资源等）、物力材料（资金资源、物资资源、场地资源、社会资源等），以确保活动的有效实施。

（七）明确风险

风险是指可能会对项目各个环节、成效带来一定影响且难以或不以人为因素转移的因素。风险具有两个特征：一是不确定性，即风险可能发生也可能不发生；二是破坏性，即当风险成为现实，不可控的后果发生了，就会给项目造成破坏，给执行团队带来损失。

项目策划过程中，要关注“假性风险”，即可以通过人为规避的、具有可控性的因素。如在活动设计中，风险是“招募志愿者人数不足”，则该风险是假性风险，因为这是可以通过加强招募宣传、寻求协助团队解决的。

风险会影响项目的执行，为了有效规避风险，我们可根据以下 3 个步骤进行风险管理。

识别风险：识别可能存在的风险，预测可能会出现的问题。

评估风险：分析每个风险发生的可能性和发生后可能产生的后果，根据风险发生的可能性和造成的影响程度对风险进行评级。可能性与后果影响力均依据程度高低划分为高 / 中 / 低三级。

风险管理：针对可能出现的风险制定预案，并执行预案。

（八）检验逻辑关系

具有逻辑性是逻辑框架的本质。我们可以运用逻辑关系验证句型验证项目的逻辑关联性，即“如果我们采取了行动，完成了活动，并且活动的风险没有出现，我们将得到产出；如果有了产出，并且产出的风险没有出现，我们将会实现项目的分目标；如果我们实现了分目标，并且分目标的风险没有出现，我们将会实现项目的总目标”。

任务三 项目策划的文书写作

情境导入

小李将“关爱外来务工妇女”项目策划的文书交给了王主任。王主任看完后夸奖小李策划得详细、考虑得周到；同时，要求小李严格按照策划文书的写作要求进行修改。小李既为自己的工作受到肯定而感到高兴，与此同时又感到困惑，不知从何入手进行修改。

任务要求

请思考项目策划的文书写作包括哪些内容，有哪些注意事项。

子任务 1 项目策划书的撰写人员

工作任务

了解、掌握项目策划书的撰写人员。

知识准备

在撰写项目策划书时，首先要明确机构中的哪些人要参与撰写工作，需要从专业、经验、资格、能力等诸多方面去考虑。参与人员主要包括以下两类。

一、项目主管及一线项目人员

项目主管负责牵头，一线项目人员参与策划。主管要充分了解社会组织自身资源的优势和核心竞争力，对服务理论定位、社会组织角色定位、形象定位进行把控。一线人员在日常服务、与服务群体接触过程中，准确认识当地状况，挖掘、把握服务对象需求，围绕核心主题进行项目策划。在某些情况下，还需要与利益相关方、专家、督导等进行充分咨询与论证，保证项目策划具有科学性、可行性。

二、财务人员

项目策划书中的财务预算部分，由于各项明细支出都有明确的财务规定，所以需要专业财务人员参与和把控，保证资金使用的有效性、安全性。预算可以对财务行为起到必要的监督作用，例如，做项目发生费用，需要报销等，财务人员就可以按照预算当中经费的用途和金额，进行控制和操作。这对于资金使用的安全性、有效性，能够起到重要保障作用。

子任务 2 项目策划书的框架内容

工作任务

了解、掌握项目策划书的框架内容。

知识准备

项目策划书包括诸多板块内容，每一部分的准备和撰写都需要给予重视。

一、封面页

（一）项目名称

项目名称由“服务品牌 + 项目内容”构成，服务品牌是对项目内容的提炼，是项目目的、内容的高度概括，既要有亮点、醒目、吸引人，又要简单、明了、有内涵，便于记忆，一般为 4 ~ 8 个字。项目内容主要反映项目的服务对象和服务内容。

比如，项目名称“亲子聆距离——亲子服务项目”，“聆”谐音“零”。从这个名称我们可以初步得到的信息是，这是针对亲子关系的项目，“聆”谐音“零”，目的是改善亲子关系，促进家长与子女之间建立良好的沟通关系，学会聆听彼此心声、设身处地为对方着想。同理还有“医路同行——医护人员支持项目”“校园 070（零欺凌）——预防校园欺凌项目”。

一个好的项目，需要一个好的项目名称吸引阅读者的兴趣，以便给阅读者留下深刻印象。好的项目名称应该言简意赅，清晰表达项目意图，但是切忌为了吸引人而哗众取宠，生搬硬套。

（二）社会组织的信息

社会组织的信息主要包括组织名称、成立时间、登记证号、年检情况、社会组织等级、银行账号、通信地址、项目负责人和联系人、机构获得荣誉。还可以把律师、审计机构等信息列在封面页上。这些信息是为了反映社会工作服务机构的资质。

另外，如果是向某一机构筹款，需要增加一封简单的附信，并以“某机构某人”为开头，以表明对该机构的重视与尊重。

二、项目概述

项目概述是最重要的一部分，也是阅读者最先阅读、浏览的部分。项目概述包括机构的背景信息、使命与宗旨，服务理念与方法，服务对象与内容、服务模式、服务过程、服务目标、项目特色。该部分要求语言文字简洁精练。

以“爱可以重来——社区矫正青少年顺利回归社会项目”为例：该项目运用社会工作“助人自助”、“尊重接纳”和“优势视角”的理念结合个案、小组及社区的工作方法，采取“专业社会工作者＋社区工作者＋志愿者”相结合模式，提供“教育学习、社区服务、心理矫正、困难帮扶、能力提升、社区融合”等全方位社会工作服务，挖掘服务对象自身优势、能力与才能，加强他们的社会性资源支持网络建设，纠正社区居民的偏见，进而实现社区矫正青少年生活的改善，包括健康人格的形成，面对生活、就业、交往和心理问题，预防再犯罪，顺利完成社会化，回归社会，积极面对生活的目的。

三、项目背景、存在的问题与需求

在这一部分，主要说明项目针对的问题，分析其产生的背景和原因，要充分地说明问题的广泛性、严重性与紧迫性，可以采用提供数据、引用国家的政策文件、社会上关注的热点问题，也可以使用一些真实、典型的案例。介绍现行政策对此的努力和进展、导致项目产生的宏观与社会环境、社会组织（或本项目）可以介入的途径或方式，以及其他长远与战略意义等。

以“农村留守女童预防性侵害安全教育项目”为例：近年来，随着大量农村劳动力外出务工创业，留守儿童逐渐增多，其存在的隐患不断暴露。国家和政府充分认识到做好农村留守儿童关爱保护工作的重要意义，并于2016年颁布了《关于加强农村留守儿童关爱保护工作的意见》，明确各方主体责任和具体任务要求。然而，在性教育方面的力度及广度还是不够，在监护和教育方面出现严重缺失的情况下，农村留守女童更容易遭遇性侵或者猥亵，这对农村留守女童的健康成长以及农村社会稳定造成负面影响。因此，现在需要通过全社会的关注和努力，为农村留守女童真正构筑起一个全面的保障体系，为其健康成长创造一个干净的空间和良好的生活环境。

四、目标与产出

在该部分中，需要详细地介绍项目计划、项目的总体目标、阶段性目标与任务，以及各目标的评估标准。

总体目标是一个长期的、宏观的、概念性的、比较抽象的描述，如“促进老年人树立积极养老的观念，提升社区老年人生活质量，成立社区互助组织，发挥互助功能，构建互助型社区养老模式”。

由总体目标可以分解成一系列具体的、可衡量的、可实现的、带有明确时间标记的阶段性目标（可采用SMART原则），如“组织至少50名老年人组建老年志愿者团队”“50名老年人体质监测报告健康指标有改善”“50名互助社成员掌握入户陪伴、精神慰藉等方面的助老技能”。

五、受益群体

在该部分中，需要对项目的受益群体进行更加详细的描述。受益群体可分为直接受益群体和间接受益群体。

直接受益群体需要突出公益性，要清晰界定本项目服务的人群，并提供其数量、基本特征、具体需求或问题状况等信息；间接受益群体是与直接受益群体相关联的家庭、社区、组织等。如社区矫正服务机构的直接受益群体是社区矫正人员，间接受益群体则是他们的家庭，甚至是整个社区、整个社会。

在项目的设计阶段，受益群体的参与非常重要，需要对受益群体在项目策划过程中的活动进行描述，包括受益群体参加的讨论会会议主题、时间、参加人员等；同时，也让资助方了解到社会组织能够集中力量针对某个群体提供服务，能够做到项目的专业化和精细化，具有良好的群体服务基础。

六、解决方案与实施方法

在该部分需要介绍通过何种方式达到目标，即采用什么方法、开展什么活动来实现这些目标，包括时间、实施地域、项目实施的主要内容、每个阶段的服务计划、每个阶段的具体服务内容、详细的人员安排、指标等。

在介绍方法时，撰写人需要充分说明选择这种方法的优越特性，突出有效性、经济性、科学性。针对某一问题，社会组织打算从哪几个领域、哪几个方面来实现目标，如提升老年人的生活质量，可以通过体质监测、健康生活指导课程、社区宣传教育活动、心灵驿站等来提供相应服务。其执行需要条件与资源，包括：人员（如健康营养师、社工、志愿者、心理医生）、时间（如第一阶段 20×× 年 6—9 月、每场指导课程 90 分钟）、使用什么样的设备（如展板海报、教学辅助用具）、做什么样的事情（如入户陪伴、健康养生知识讲授）、做这些事情的人要具备什么样的能力与技能（如健康饮食知识和养生技巧、精神慰藉的助老技能）等。

七、项目进程计划

项目进程计划，也称为项目时间表。要求详细地描述出各项任务的先后顺序以及起始时间。项目的阶段划分要有弹性，阶段划分又以项目活动进度为中心进行安排，即重要活动是什么、谁来负责完成每项活动或任务、在何时开始、何时完成，可以使用带有时间标记的图表来表示，一目了然地告诉读者“在什么时候做什么”，以及各项活动之间的关联与因果关系。见表 3-6。

表3-6 老年人志愿者培训计划(2019年6月4日—8月10日)时间表

项目	主要活动	负责人	完成期间(周)										备注
			一	二	三	四	五	六	七	八	九	十	
一	宣传和招募老人	张某	6/4					6/30					
二	设计训练活动	陈某	6/4				6/22						
三	邀请培训教师	陈某	6/4						7/6				
四	安排参观有关服务	张某					7/9					8/3	
五	安排志愿者培训计划	李某					7/9					8/10	

八、项目组织架构

该部分需要描述为了达到上述目标，需要什么样的执行团队和管理结构。执行团队应包括所有项目组成员：专业社工、志愿者、行业专家、专业顾问、督导等，以及他们需要具备与这个项目相关的实务工作经验、专业背景、学历、资历等。执行团队的经验与能力往往在很大程度上决定了项目的成败。此外，还要明晰地写出项目总负责人、财务负责人及其他各分项目的负责人。如果是两个或多个机构合作完成一个项目，还要说明各机构的分工。

九、项目经费

该部分不仅需要提供费用预算表，还需要详细叙述和分析预算表中的各项数据、费用计算方法和使用方式、总成本与各分成本，包括人员、活动、设备费用等。人员经费类别可以包括工资、各项补贴费用、福利和咨询专家的费用；非人员经费类别可以包括差旅费、场地使用费、交通费、水电物业费和通信费等。如果已经有了一部分资金来源，也要注明。而且，要很明晰地写出你还需要总数为多少的经费支持。另外，与项目相关的财务与审计方法也要在这部分中提到（见表 3–7）。

表 3-7 老年人健康养生讲座经费表

工作	活动明细						
	费用类别	记账科目	单次费用明细	单次金额	数量	单位	合计金额（元）
老年人健康养生讲座	服务费用	课酬	营养师课酬	1 名专家 × 2000 元 / 天	0.5	天	1000
	服务费用	场地费	活动场地费用	600 元 / 天	0.5	天	300
	服务费用	材料费	矿泉水	1.5 元 / 人	80	人次	120
	人员费用	劳务费	志愿者补贴	20 元 / 人	5	人次	100

十、项目风险预估

在项目策划中，我们需要对可能存在的风险，如经费管理风险（超过限额规定、支出比例不合理、费用支出不当等）、服务风险（服务过程中发生意外人身伤害、对服务对象的二次伤害等）、控制管理风险（与合作方沟通不协调、合作单位变化等）、人员变动风险（团队成员退出、消极倦怠等）等情况进行预估描述，并撰写针对这些风险的应对措施。

如风险为“因突发事件导致项目资金不足以支持完成全部项目的内容”，对应预案为“第一时间上报项目购买方寻求解决办法，同时通过宣传、呼吁等方式，吸纳社会资金、企业捐助和人员进行补充”。

十一、监控与评估

监控是项目实施过程中非常重要的部分，对项目进行监控和评估，是确保项目目标能够完成的重要保障，因而在项目策划书中应该列明自我监控和评估的内容。监控的执行机构与人员，除了团队自身外，还可以是理事会、资助方或其他第三方机构。项目计划中还需要明确监控的职责和任务，有利于及时地发现问题，尽早地解决。

策划者应设计有效的评估方法，来检验各项行动计划中所要推行的活动是否按照原定计划和日期推行和完成，确定是否能实现目标以及完成程度如何。一般采取过程评估和效果评估，选择何种方式将取决于项目的性质和目标。无论选择何种方式，都需要说明你准备怎样收集评估信息和进行数据分析，以及在项目进行到哪些阶段时，进行阶段性的评估。

无论是监控报告还是评估报告，都应该包括项目的进展与完成情况、原定计划与现实状况的比较、预测未来实现计划的可能性等。

十二、附件

附件是重要的文件或篇幅太长而不适于放在正文中的文件，如机构的介绍、需求调研报告、项目预算编制说明、年报、财务与审计报告、名单、数据、图表等。

任务四 项目策划的常见问题及注意事项

情境导入

在督导、有经验的社工的指导下，小李顺利完成“关爱外来务工妇女”项目策划。任务结束后，小李针对项目策划过程中遇到的问题和注意事项认真进行了总结。

任务要求

请思考项目策划会遇到哪些问题，有什么预防和解决的方法。

子任务 1 项目策划的常见问题

工作任务

了解、掌握项目策划会遇到的问题，并能顺利应对。

知识准备

一、活动方案设计存在的问题

（一）活动设计环节之间没有逻辑性

项目服务是一个项目，而不是单一活动，也不是几个活动的拼接罗列。项目活动之间是有前后逻辑关系的，是由普遍到个体、由浅入深开展服务的过程。如校园青少年心理健康服务项目，通常先开展需求调研并进行调研分析，然后开展参与面广、受益群体多的校园宣传活动、校园培训讲座，再开展部分人员参与的小组活动、团体咨询、团体辅导，之后再针对个别青少年的特殊情况和特殊问题开展一对一的个案辅导或咨询服务。

（二）服务活动与目标之间不对应

第一，项目活动要围绕项目的核心主题来设计活动内容，在方案中不要安排与主题无关的活动，否则就会偏离项目的目标和初衷，浪费资源，不能产出服务效能。

第二，不能过分追求服务指标，而忽略服务活动的质量。服务项目中，对个案、小组和社区等不同层次的服务活动有一定数量的要求，但设计者不能过于关注指标的设定，一味追求数量，而忽略了居民的实际服务需求。项目组在数量上作出规定，然而在服务的难度上却是很少有规定的，从而导致了服务活动重复、没有达到服务目标。

（三）服务手段单一，服务活动扁平

开展某一服务项目时，服务的手段应该多元化，不要过于单一。如空巢独居老年人的照料项目，可以采用入户探访、精神慰藉、家政服务方式，还可以采用改善老年人居家安全环境、开展防火防盗防诈骗的安全教育活动等多样化形式，全方位、多角度满足老年人的需求。

服务活动的设计需要考虑服务的质量和深度，不同程度的需求其解决过程的时间、重难点均不一样，不能以同样的时间、同样的手法应对。可以把服务的难度分为不同的等级，难度的等级越高，对社会工作者提供的服务活动内容、服务时间就需相应增加。

二、预算制定存在的问题

（一）按照最高限额确定项目金额再设计活动

如果没有按照项目设计的逻辑顺序和按照服务对象的真实需求去设计活动，就会加入过多不必要的活动，最终导致提高不必要的活动次数。

（二）经费支出的比例不合理

对各类经费类别、经费计算方式、超过额定规定、各类人员的界定不清楚，如工作人员与志愿者相混淆，导致人员经费支出不合理。

（三）经费结构与项目方案不符合

项目预算支出表与项目书中的实施方案内容不符合，有的活动没有列出相应经费，有的列出经费却没有体现和运用在具体实施方案中。

子任务2 项目策划的注意事项

工作任务

了解、掌握项目策划需要注意的事项。

知识准备

我们需要针对自身的项目策划进行自检自查，可以采用“项目策划自检表”进行检验（见表3–8）。如果自查反馈中有答案是否定或回答不充分的，可以重新回到“逻辑框架八步法”进行修正。

表3-8 项目策划自检表

序号	内容	明细	自检结果
1	服务对象明确	服务对象的基数明确（清晰了解谁是服务对象，服务对象的基数是多少）	
2		服务对象信息明确清晰（清晰了解服务对象所在的地域、基本信息等）	
3		服务对象的需求和信息来源清晰、可信	
4	服务对象的需求明确、合理	服务对象的需求分析过程清晰。使用了恰当合理的分析方法收集信息	
5		服务对象的需求分析结论合理，有理有据	

续表

序号	内容	明细	自检结果
6	项目目标合理、有效	项目目标直接回应服务对象的需求	
7		项目目标清晰、明确，目标设置符合 SMART 原则	
8	服务计划合理，具有逻辑性和可操作性	服务计划能与项目目标对应	
9		服务计划的设计有助于项目目标的实现	
10		服务计划经过评估，是相对最优选项	
11		目标指标设计能够反映和证明目标的实现	
12		活动指标的设计符合活动需要	
13		有足够的投入以保障策划的内容落实执行	
14		每项设置均有证明材料进行佐证	
15	对服务进行了风险管理	对活动中可能出现的风险有充分的预估和判断，具备风险管理的能力	

项目四

项目立项与评审

【项目导学】

目前国内社会工作服务项目立项，一般通过政府采购的方式实现。现阶段我国政府购买社会工作服务的方式以岗位购买及项目购买两种方式为主。在珠三角地区社会工作项目立项主要以项目购买的方式实现。但无论是岗位购买还是项目购买，一般都需要经过项目采购、立项与评审的过程。

在实际工作过程中，我们如何做好项目立项筹备工作，确保项目能够顺利落地实施呢？本章将从项目立项的方式、项目投标立项准备及项目立项评审三大板块，阐述社会工作项目立项的要点。

【项目学习目标】

知识目标

❶ 了解项目立项的概念及类型。

❷ 了解项目投标立项准备工作的要点。

❸ 了解项目立项评审的方式及过程。

技能目标

❶ 能根据项目采购招标公告，做好项目立项的准备。

❷ 能够根据评审的方式及标准，撰写高品质的投标方案。

❸ 能根据项目采购招标公告，制作完整的投标文件。

职业素养目标

❶ 具备较强的解读分析能力，能清楚掌握采购需求。

❷ 富有逻辑思维能力，具备良好的文笔基础。

❸ 能精益求精，有足够的耐心，并能够联动其他部门或人员共同协作。

任务一 项目立项的方式

情境导入

你是某社会工作服务机构的项目部人员，面对如下社会工作服务项目采购公告，机构负责人将项目投标任务交给你。你将如何着手进行此项工作？（该案例来源于广东省政府采购网）

2020 年 ×× 市 ×× 区社会工作服务项目招标公告

2020 年 ×× 市 ×× 区社会工作服务项目招标的潜在投标人应在广东 ×× 代理有限公司网站（http://gd.×××××××.com/）获取招标文件，并于 2020 年 8 月 6 日 15 点 00 分（北京时间）前递交投标文件。

一、项目基本情况

项目编号：×××××××

项目名称：2020 年 ×× 市 ×× 区社会工作服务项目

预算金额：人民币 55 万元 / 年，两年共 110 万元，最高限价（如有）：¥1,100,000.00 元（大写：人民币壹佰壹拾万元整）

1. 采购需求：包括但不限于标的名称、数量、简要技术需求或服务要求等。

2. 标的数量：1 宗。

3. 简要技术需求或服务要求。

（1）项目内容：2020 年 ×× 市 ×× 区社会工作服务项目。

（2）简要技术要求或招标项目的性质：详见招标文件第二部分“用户需求书”的采购项目内容。

（3）本次采购服务必须是在中华人民共和国境内的服务，合格的投标人应对全部招标服务进行投标，不允许只对部分服务投标。

（4）本项目不允许提交备选方案。

（5）投标人不得以任何方式转包或分包本项目。

4. 其他：合同履行期限，自合同签订之日起2年。本项目不接受联合体投标。

二、申请人的资格要求

1. 满足《中华人民共和国政府采购法》第二十二条规定。

2. 落实政府采购政策需满足的资格要求：本项目不属于专门面向中小企业采购的项目。

3. 本项目的特定资格要求：

（1）投标人应具备《中华人民共和国政府采购法》第二十二条规定的条件（投标人须在招标文件提供的《投标人资格声明函》中作出承诺）；具有独立承担民事责任的能力；具有良好的商业信誉和健全的财务会计制度；具有履行合同所必需的设备和专业技术能力；有依法缴纳税收和社会保障资金的良好记录；参加政府采购活动前三年内，在经营活动中没有重大违法记录。

（2）投标人须为在中华人民共和国境内注册的企业法人或社会组织，且独立于采购人及采购代理机构（提供营业执照或社会团体法人登记证书或民办非企业单位证书等证明文件）。

（3）采购人或采购代理查询投标人信用记录，查询截止时点为提交投标文件前1个工作日，由采购人或采购代理机构通过“信用中国”网站（http://www.creditchina.gov.cn）、中国政府采购网（http://www.ccgp.gov.cn）等渠道查询相关投标人近三年信用记录，将查询投标人信用记录提供给评审现场；被人民法院列入失信被执行人、重大税收违法案件当事人名单、政府采购严重违法失信行为记录名单及其他不符合《中华人民共和国政府采购法》第二十二条规定条件的投标人禁止参加政府采购活动（处罚期限届满的除外）。

（4）本项目不接受联合体投标。

（5）投标人必须在公共资源交易中心网上成功参与投标并在采购代理机构处登记并购买纸质招标文件。

三、获取招标文件

时间：2020年7月16日至2020年7月22日（提供期限自本公告发布之日起不得少于5个工作日），每天9：00至12：00，14：30至17：30（北京时间，法定节假日除外）。

地点：×× 市 ×× 区 ××× 路 3 号 209 卡，方式：线上购买。售价（元）：300。

四、提交投标文件截止时间、开标时间和地点

2020 年 8 月 6 日 15：00（北京时间，自招标文件开始发出之日起至投标人提交投标文件截止之日止，不得少于 20 日）。

地点：×× 市 ×× 路 ××× 公共资源交易中心（详见开标当天开标室安排）。

五、公告期限

自本公告发布之日起 5 个工作日。

六、投标保证金

资格的投标人应在投标截止时间前缴纳投标保证金［¥20,000.00 元（大写：人民币贰万元整）］并成功到达指定账户。投标保证金账号由供应商通过交易系统申请，按照缴款通知书上内容通过转账方式缴纳，缴纳投标保证金的账号要求已在公共资源交易平台上注册登记并审核通过。因投标保证金属于投标文件的组成部分，投标保证金缴纳至采购人委托公共资源交易中心设立的投标保证金专户的实际到账时间，不能超出投标截止时间，采用转账形式缴纳投标保证金的，投标人需充分考虑转账的在途时间，以免实际到账时间超出投标截止时间导致投标无效。

七、投标签到

参加开标的供应商代表应在投标截止时间前完成签到，签到方式有：①使用指纹或身份证签到；②使用企业数字证书签到的，以投标截止时间前完成的企业数字证书签到确认投标文件递交的有效性；③如发生签到系统故障或停电等不可抗力因素造成的电子签到不成功的情况，以投标截止时间前签署的纸质签到文件确认投标文件递交的有效性。

八、对本次招标提出询问，请按以下方式联系

1. 采购人信息

名称：×××× 社会事务局

地址：广东省 ×× 市 ×× 区 ×× 路 ×× 号　联系方式：×××××

2. 采购代理机构信息

名称：广东 ××× 招标代理有限公司

地址：广东省 ×× 市 ×× 区 ×× 路 ×× 号　联系方式：×××××

3. 项目联系方式

项目联系人：×××

电话：×××××××××

发布人：广东 ××× 招标代理有限公司

发布时间：2020 年 7 月 15 日

任务要求

请从项目采购立项的类型出发，谈谈该立项方式是什么；你将根据此方式，如何进行前期的立项准备工作。

子任务 1　项目采购立项的方式

工作任务

了解社会工作项目采购立项的概念及类型，了解不同类型的特性及差异，了解不同立项类型的适用范围。

知识准备

一、社会工作项目采购立项的概念

社会工作项目采购立项是指政府等组织或部门从外部获得社会工作服务的过程。社会工作服务机构或组织在这里一般称为承包商、承约商，常常又叫作供应商。社会工作服务机构一般会把自己承担服务的工作当作一个项目进行管理。

二、社会工作项目采购立项的类型

按照竞争程度大小，社会工作项目采购立项常用的主要有 3 种类型：

1. 公开招标。一般是指政府等组织或部门按照法定的采购程序，在采购网站或公开出版物上发布社会工作服务采购招标公告，邀请所有符合条件的社会工作服务机构或社会组织参与投标，并从中选择中标机构的过程。最重要的特征在于其竞争是无限的，所有符合条件的社会工作服务机构或社会组织均可以参与投标竞争，竞争性最大。

2. 邀请招标。一般是指政府等组织或部门以投标邀请书的方式直接邀请符合条件的社会工作服务机构或社会组织（一般不少于 3 家）参加投标，并按照法定程序和规定的评标标准和方法，择优选取中标社会工作服务机构或社会组织的过程。整个过程要求公开、公正和公平。

3. 询价采购。询价采购是指政府等组织或部门邀请不少于 3 家的社会工作服务机构或社会组织对社会工作服务项目进行报价，并通过价格比较，确定最优社会工作服务机构或社会组织的一种采购方式。其最大的特点在于看重价格，采用“价低者得”的方式，不重视对供应商资格审查和服务质量的考察。

三、三类采购类型的特点差异

我们可以从公开范围、竞争程度等多个方面去了解及掌握不同立项类型的差异，以便我们更好地做好立项的各项筹备工作（见表 4–1）。

表 4-1　立项类型差异表

立项类型	发布信息方式	选择供应商范围	公开范围	竞争程度	时间成本
公开招标	面向社会发公告	所有符合条件的社会工作服务机构或社会组织均可以参与	广	大，注重考察价格及社会工作服务机构或社会组织的资质及服务质量	时间及程序复杂
邀请招标	不发公告，仅向符合条件的不少于 3 家社会工作服务机构或社会组织发邀请	仅邀请不少于 3 家社会工作服务机构或社会组织参与	窄	小，注重考察价格及社会工作服务机构或社会组织资质及服务质量	时间及程序相对简易
询价采购	不发公告，仅向符合条件的不少于 3 家社会工作服务机构或社会组织发公告	仅邀请不少于 3 家供应商参与	窄	小，注重考察价格，不注重考察社会工作服务机构或社会组织资质及服务质量	时间及程序相对简易

子任务 2 采购立项程序

工作任务

能够了解不同采购方式的立项程序及差异，懂得按照采购立项程序，进行立项准备。

知识准备

不同的采购立项方式，其采购程序存在一定的差异，我们需要了解不同立项方式的程序差异，并有效做好有关立项的准备工作。

一、公开招标的采购程序

公开招标采购主要包括 6 个程序，具体如下。

（1）由采购代理机构在政府指定的采购媒体或网站上发布招标采购公告。为确保采购的公开性及公平性，政府采购社会工作服务项目一般都会委托第三方符合资质的采购公司进行，我们称这个公司为采购代理机构。其主要职责在于协助处理整个项目的公开采购事宜。在收到政府项目的采购委托后，采购代理机构会根据项目的采购需求，拟定招标公告，并在相关的网站或媒体进行公开发布。

（2）发售采购标书。采购公告发布后，有意愿参与投标的机构或社会组织，可以向采购代理机构购买标书，以便更清楚地查阅采购需求，评估自己是否继续参与投标。

（3）解答潜在投标人对招标公告的质询及疑问。购买标书后，对于招标公告或采购要求存在疑问的机构或组织，可以通过书面的方式向采购代理机构提出质询及疑问。采购代理机构收到质询及疑问后，须书面答复投标人。

（4）成立评标委员会。由采购代理机构在评审专家成员库中，随机抽取评审专家成员，组成评标委员会，对采购项目进行评选。

（5）进行封闭式评标。由评审专家组成员在封闭的场所内，对投标机构递交的标书，依据采购要求及评审标准进行客观评审，并出具审批结果，评审专家组成员签署确认。

（6）在指定采购媒体或网站公布评审招标结果。由采购代理机构根据评审结果，撰写中标公告，在政府指定的采购网站或媒体进行公示。在公示期内，如投标机构对评审结果有异议，可依据程序提出质询。如无异议，公示结束后，采购进入合同签订阶段，整体采购程序结束。

二、邀请招标的采购程序

邀请招标的采购程序主要有 5 个，其耗时及程序比公开招标简约。

（1）成立由采购人代表及相关专家组成的谈判小组。

（2）制定谈判的文件，包括谈判的内容、合同条款、成交的标准等。

（3）确定邀请的供应商，从符合条件的供应商中，邀请不少于 3 家提供邀请招标文件，邀请其进行谈判。

（4）根据谈判文件，开展谈判。供应商在规定的时间内，进行最后报价，谈判小组根据报价及服务质量等情况确定供应商。

（5）公布谈判结果。

三、询价采购的程序

在公开招标及邀请招标、询价采购三者中，询价采购是程序最简单的采购方式，其主要程序有 4 个。

（1）成立由采购人代表及相关专家组成的询价小组。

（2）确定询价供应商，从符合条件的供应商中，邀请不少于 3 家，发出询价邀请。

（3）要求供应商提供一次性不能更改的报价。

（4）询价小组根据报价，确定供应商。

任务实施

回顾情境导入的案例，从案例背景来看，该采购公告在政府采购网站上，向全社会发布，并邀请符合条件供应商参与。这是一个公开招标的社会工作服务项目，意味着所有符合条件的社会工作服务机构或组织均可以参与投标竞争。项目立项投标竞争会比较大，我们需要根据机构的优势，做好充分的准备工作。

任务二　项目投标立项准备

情境导入

根据如下的招标采购信息，你将如何根据要求，做好投标立项的各项准备工作？（该案例来源于广东省政府采购网）

一、投标邀请函

2020年××市××区社会工作服务项目招标的潜在投标人应在广东××代理有限公司网站（http://gd.×××××××.com/）获取招标文件，并于2020年8月6日15点00（北京时间）前递交投标文件。

（一）项目基本情况

项目编号：×××××××

项目名称：2020年××市××区社会工作服务项目

预算金额：人民币55万元/年，两年共110万元，最高限价（如有）：¥1,100,000.00元（大写：人民币壹佰壹拾万元整）

1. 采购需求：（包括但不限于标的名称、数量、简要技术需求或服务要求等）。

2. 标的数量：1宗。

3. 简要技术需求或服务要求。

（1）项目内容：2020年××市××区社会工作服务项目。

（2）简要技术要求或招标项目的性质：详见招标文件第二部分“用户需求书”的采购项目内容。

（3）本次采购服务必须是在中华人民共和国境内的服务，合格的投标人应对全部招标服务进行投标，不允许只对部分服务投标。

（4）本项目不允许提交备选方案。

（5）投标人不得以任何方式转包或分包本项目。

4. 其他：合同履行期限，自合同签订之日起 2 年。本项目不接受联合体投标。

（二）申请人的资格要求

1. 满足《中华人民共和国政府采购法》第二十二条规定。

2. 落实政府采购政策需满足的资格要求：本项目不属于专门面向中小企业采购的项目。

3. 本项目的特定资格要求。

（1）投标人应具备《中华人民共和国政府采购法》第二十二条规定的条件（投标人须在招标文件提供的《投标人资格声明函》中作出承诺）；具有独立承担民事责任的能力；具有良好的商业信誉和健全的财务会计制度；具有履行合同所必需的设备和专业技术能力；有依法缴纳税收和社会保障资金的良好记录；参加政府采购活动前三年内，在经营活动中没有重大违法记录。

（2）投标人须为在中华人民共和国境内注册的企业法人或社会组织，且独立于采购人及采购代理机构（提供营业执照或社会团体法人登记证书或民办非企业单位证书等证明文件）。

（3）采购人或采购代理查询投标人信用记录，查询截止时点为提交投标文件前 1 个工作日，由采购人或采购代理机构通过“信用中国”网站（http://www.creditchina.gov.cn）、中国政府采购网（http://www.ccgp.gov.cn）等渠道查询相关投标人近三年信用记录，将查询投标人信用记录提供给评审现场；被人民法院列入失信被执行人、重大税收违法案件当事人名单、政府采购严重违法失信行为记录名单及其他不符合《中华人民共和国政府采购法》第二十二条规定条件的投标人禁止参加政府采购活动（处罚期限届满的除外）。

（4）本项目不接受联合体投标。

（5）投标人必须在公共资源交易中心网上成功参与投标并在采购代理机构处登记并购买纸质招标文件。

（三）获取招标文件

时间：2020 年 7 月 16 日至 2020 年 7 月 22 日（提供期限自本公告发布之日起不得少于 5 个工作日），每天 9：00 至 12：00，14：30 至 17：30（北京时间，法定节假日除外）。

地点：×× 市 ×× 区 ××× 路3号209卡，方式：线上购买。售价（元）：300。

（四）提交投标文件截止时间、开标时间和地点

2020年8月6日15：00（北京时间，自招标文件开始发出之日起至投标人提交投标文件截止之日止，不得少于20日）

地点：×× 市 ×× 路 ××× 公共资源交易中心（详见开标当天开标室安排）。

（五）公告期限

自本公告发布之日起5个工作日。

（六）投标保证金

资格的投标人应在投标截止时间前缴纳投标保证金［¥20,000.00元（大写：人民币贰万元整）］并成功到达指定账户。

（七）投标签到

参加开标的供应商代表应在投标截止时间前完成签到，签到方式有：①使用指纹或身份证签到；②使用企业数字证书签到，以投标截止时间前完成企业数字证书签到确认投标文件递交的有效性；③如发生签到系统故障或停电等不可抗力因素造成的电子签到不成功的情况，以投标截止时间前签署的纸质签到文件确认投标文件递交的有效性。

二、用户需求书

（一）项目总体要求

1.服务范围和原则

服务范围服务对象为低保低收入家庭、特困人员、困境儿童、困难老人、困难和重度残疾人及其他需要民政部门提供服务的人群。社工主要工作为开展走访调查、收集民情民意、宣传民政民生政策、提供专业社会工作服务、链接社会资源等工作，推动落实民政民生政策及相关工作任务。中标人须根据项目内容和服务要求，并按采购人年度工作任务和要求，制订年度服务计划和工作方案，开展民政兜底性社会工作服务。

2.服务内容

服务内容包括：低保低收入家庭、特困人员服务；困境儿童服务；困难老年人服务；困难和重度残疾人服务；其他需要民政部门提供服务的人群；

链接社会资源开展帮扶活动；协助采购人和社区完成民政相关工作任务。具体服务内容如下：

（1）低保低收入家庭、特困人员服务。社工每周下基层村（居）不少于3天，定期探访辖区内低保、低收入家庭、特困人员，做好民政政策宣传，根据服务对象需求利用社会工作手法（个案、小组、活动等）开展社会工作服务。针对个别服务对象需求提供行为治疗、资源链接、心灵慰藉、政策帮扶、危机干预等个案服务。

（2）困境儿童服务。根据区内散居孤儿、事实无人抚养儿童和其他监护困境儿童的监护状况、健康、生活、就学、就医困难等情况，开展社会工作服务，链接社会资源开展结对帮扶。协助采购人完成孤儿、困境儿童相关工作。

（3）困难老年人服务。定期探访辖区内孤寡老人和孤寡低保户，了解服务对象需求，链接资源提供相应救助或服务，开展个案跟踪管理；培育老年志愿者队伍，构建年轻长者帮扶年老长者的机制，营造良好的社区养老氛围。

（4）困难和重度残疾人服务。定期探访重度残疾人，为辖区残疾人及其家庭提供心理咨询、救助和帮扶服务；整合辖区资源为残疾人争取社会支持，为残疾人就业提供帮助，开展兴趣培训、社区参与及人际交往服务，促进残疾人与社会共融。

（5）其他需要民政部门提供服务的人群。通过走访、群众反映、社区转介等途径发现其他需要民政部门提供服务的人群，运用社会工作专业理念和方法帮助困难群众及其家庭化解压力、疏导情绪、解决问题，以改善他们的生活质量。

（6）链接社会资源开展帮扶活动。组建志愿者服务队伍开展“社会工作者+志愿者”服务，通过博爱商城、社会热心企业和人士等链接社会资源帮扶困难家庭，进一步创新和完善服务模式，提升社区互助互爱氛围，提高社区凝聚力。

（7）协助采购人和社区完成民政相关工作任务。

3. 每年服务指标量表（略）

（二）人员配置要求

中标人按项目服务要求选聘6名专职社工，包括1名项目管理人员和5

名社会工作人员。各类人员的具体要求如下：

（1）项目管理人员1人：必须是本科或以上学历、持有全国社会工作师资格证书，不低于3年社会工作服务经验，且不低于2年社会工作服务项目管理经验。

（2）社会工作人员5人：至少3人持有全国社会工作师或者助理社会工作师的资格证书。

（三）服务要求

（1）采购人对本项目的日常业务执行情况进行监督和实行绩效管理机制。

（2）在协议期内，6名社工都应在岗，社工分片负责社区，按项目要求开展上门服务，主要面向社区居委会开展社会工作服务。

（3）中标方需建立完善的项目管理规章制度，包括人员选聘制度、待遇奖惩制度、监督考勤制度、财务管理制度等，规范社工的工作内容和服务标准，明确项目的日常管理要求。

（4）深入社区和服务对象，了解我区民政兜底服务情况，根据项目要求制定本项目计划书，结合实际制订具体实施方案。每月提交服务工作汇报，年终提交服务总结。

（5）建立档案管理制度，做到服务对象一人一档，建档率100%，做好日常的服务记录，中标方要指定专人负责日常的监督管理及档案文书资料整理。所有服务档案、文书资料等档案以电子和纸质形式给予采购人。

（6）采购人聘请第三方对项目进行考评工作，中标方评估前向采购人提交自评报告，并配合采购人开展例行检查和评估考核工作。

（7）采购人按《××××××社会工作服务绩效考核与管理办法》对社会工作服务实行绩效考核和管理。

（8）中标方协助采购人和社区完成相关民政工作，通过各类媒体对服务和相关活动进行宣传，展示服务成效。

（9）中标方对社工开展督导和培训，保证学习时数，配合开展项目相关的交流工作、媒体采访工作，响应参与市要求的各项培训学习活动。

（10）中标方履约过程中，如有改变应征得采购人书面同意。如中标方违约，中标人将承担一切的法律责任或刑事责任，且采购人有权解除合同，造成采购人损失的，赔偿采购人所受到的直接损失（包括但不限于实际经济损失费用、律师费、诉讼费用等)。

(四)投标报价要求

中标价包括:投标人社会工作薪酬、福利、服装、通信工具、社保、服务设备、劳保用品、防护用品、清洁用品及完成该项目所需工具、一切税费等其他招标文件要求的所有费用。

(五)服务项目报价、项目验收、付款方式

1. 采购预算。每年采购预算:55 万元(人民币伍拾伍万元整),两年采购预算为:110 万元(人民币壹佰壹拾万元整)。

2. 项目验收。采购人按协议要求每季度对项目完成进度和服务对象满意度等情况进行项目验收,验收合格后出具验收报告,根据项目经费及约定拨付方式按季度进行资金支付。

3. 付款方式。服务经费通过转账形式支付,项目经费包括人员经费、项目管理经费、项目运作经费。

(1)人员经费不低于项目经费的 80%(即人均人员经费不低于 73,500 元 / 人 / 年),包含社工绩效考核奖金。社会工作专业人员薪酬参照《×× 市社会工作职业分级与薪酬指导标准》执行。全职工作人员原则上必须专人专岗,不得出现一人多岗的情况。对社工进行绩效考核,按等次分配绩效资金,人均绩效奖金不少于 0.5 万元 / 年。

(2)项目管理经费。不高于项目经费的 12%,管理经费包括项目税费、行政人员工资、固定资产支出、办公室水电、宣传费、会议费、差旅费等。行政人员工资应从项目管理经费中单独列支,不得在其他资金中列支行政人员工资或补贴,其他管理费用须有明细清单(或原始凭证)。

(3)项目运作经费。不高于项目经费的 7%,运作经费包括:社会工作服务过程中所需费用、物资购买费用、场地租用费、设备购买或租用费等、社工培训经费、服务活动中产生的交通补贴、宣传费、会议费、差旅费、社工误餐补助等。

4. 财务监督检查。中标方每月向采购人提交社工考勤表、工资发放表和项目资金支出明细表,采购人对财务监督检查。

(六)服务时间及期限

1. 服务时间。每周工作 5 天,每天工作时间 8 小时,节假日参考国家法定节假日安排，需要配合服务对象需求，适当调整工作时间，如加班可安排补休。

2. 服务期限（暂定）。2020年8月15日至2022年8月15日，合同1年1签。第一年评估（第三方评估）获良好等级以上的，可续签合同，未获良好等级以上的，不再续签下一年的合同，采购人另行采购。

（七）评分标准

项目采用综合评分法，其中价格占10分，商务技术部分占90分，具体评分标准见表4-2：

表4-2　商务技术评分表

序号	评审项目	分数	评分内容
1	响应程度	5	投标人对用户需求书技术商务各条款的响应程度： 优：投标人完全响应用户需求技术商务条款，得5分； 良：投标人部分响应用户需求技术商务条款，得3分； 差：投标人不响应用户需求技术商务条款，得1分； 无方案不得分
2	服务响应时间及保障措施	5	投标人服务响应时间快慢、处理能力及保障措施： 优：响应时间快、处理能力强、保障措施完全合理，得5分； 良：响应时间较快、处理能力较强、保障措施较合理，得3分； 差：响应时间慢、处理能力差、保障措施不合理，得1分； 无方案不得分
3	服务能力	10	根据“社会工作服务目标、计划工作内容及工作时数、服务模式、活动项目种类、服务次数等”进行评审： 优：社会工作服务目标明确，服务质量周全，工作内容、活动项目种类丰富，服务次数及相关保障措施恰当，得10分； 良：社会工作服务目标较明确，服务质量较周全，工作内容、活动项目种类较丰富，服务次数及相关保障措施较恰当，得6分； 差：社会工作服务没有目标，服务质量不周全，工作内容、活动项目匮乏，服务效率低，没有相关保障措施，得2分； 无方案不得分

续表

序号	评审项目	分数	评分内容
4	服务方案完整性及专业性	10	服务方案基本体系，包括行动计划、服务流程、服务内容、财务管理（人员薪酬分配比例），以及经费使用情况分配等： 优：服务方案、服务流程内容清晰、目标明确，财务管理（人员薪酬分配比例）合理、经费使用情况分配合理，项目资金构成比例合理，能提出专业、完整的服务方案，得 10 分； 良：服务方案、服务流程内容较清晰、目标较明确，经费使用情况分配较合理，财务管理（人员薪酬分配比例）较合理，项目资金构成比例较合理，对服务对象能提出有针对性、较专业的服务方案，得 6 分； 差：服务方案、服务流程内容单调、目标不明确，经费使用情况分配一般，财务管理（人员薪酬分配比例）一般，项目资金构成比例不明确，对服务对象未能提出有针对性、较专业的服务方案，得 2 分； 无方案不得分
5	人力资源保障措施	5	投标人人员储备计划、人员稳定保障措施、培养培训制度等： 优：投标人人员储备计划充足、人员较稳定、保障措施可行、培养培训制度完善，得 5 分； 良：投标人人员储备计划基本充足、人员比较稳定、保障措施基本可行、培养培训制度基本完善，得 3 分； 差：投标人人员储备计划不充足、人员不稳定、无保障措施、培养培训制度不完善，得 1 分； 无方案不得分
6	管理制度	5	投标人是否具有完善的内部管理制度，如财务管理制度、人员管理制度、薪酬制度等： 优：投标人具有完善的内部管理制度，如财务管理制度、人员管理制度、薪酬制度等，得 5 分； 良：投标人具有较完善的内部管理制度，如财务管理制度、人员管理制度、薪酬制度等，得 3 分； 差：投标人具有基本完善的内部管理制度，如财务管理制度、人员管理制度、薪酬制度等，得 1 分； 无方案不得分
7	项目管理人员	10	项目管理人员： （1）具有社会工作类专业全日制本科及以上学历且具有中级社会工作师资格证的，得 5 分；具有本科及以上学历且具有中级社会工作师资格证的，得 4 分； （2）具有 4 年及以上社会工作经验的且不低于 3 年社会工作服务项目管理经验的，得 5 分

续表

序号	评审项目	分数	评分内容
8	项目一线人员	10	项目一线人员： （1）具有4名社会工作人员持有全国社会工作师或者助理社会工作师及以上资格证书的，得8分；具有3名社会工作人员持有全国社会工作师或者助理社会工作师及以上资格证书，其余社工为社会工作类专业毕业或其他专业本科学历并在社会工作项目从事服务满2年的，得6分；具有3名社会工作人员持有全国社会工作师或者助理社会工作师及以上资格证书的，得4分（须提供证明文件，开标时提供原件核查，未提供原件不得分） （2）社会工作人员要有较好的沟通交流能力（如要懂多种语言以应对不同的群体）；倘若项目人员达不到语言要求，应具有相应的培训计划方案以达到能正常开展工作，得2分
9	业绩	20	2018年以来投标人承接过同类项目业绩，每提供一个合同得4分，最高得20分（投标文件中提供合同复印件加盖公章；投标时须提供原件供评委核查，没有原件的不得分）
10	用户评价	10	投标人提供针对上述"业绩"用户出具的服务评价文件，评价结果为"好评"或"优秀"或相同含义的评价的，每项得2分，最高得10分（注：提供服务评价文件及其对应合同的复印件加盖公章，投标时须提供原件供评委核查，不提交原件不得分）
合计		90	

任务要求

能够细读招标公告，并懂得根据公告及用户需求书，做好项目投标的立项准备工作。

子任务1 资质自我审查

工作任务

详读招标公告文件，做好自身组织资格审查，懂得评估自身组织是否符合资格参与投标。

知识准备

一、资格自我审查

资格自我审查是指投标人根据招标公告的供应商资质要求，评估自身的条件，是否符合招标公告中限定的供应商资格的过程。这是做好项目投标准备工作的第一步。如自身资质不符合，则没有资格进行投标；如资质符合，才能继续进行投标的准备工作。

二、资格自我审查的要点

采购方为确保采购质量，会根据有关采购要求及规范，在招标公告中对投标的供应商资格进行一定的限定（如情境导入案例中投标邀请函的第二点“申请人的资格要求”就对相关内容进行了明确）。我们需要根据招标文件中的供应商资质，审查自身的组织或机构是否符合条件。一般包括以下几个方面：

业务范围：细看招标文件中，对供应商营业范围的限定及营业执照或登记证书的要求，核对自身组织的情况，评估业务范围是否符合资质。

财务能力：仔细研读供应商资格中涉及的财务能力要求，一般包括是否依法纳税及缴纳社会保障资金，是否具备健全的财务制度及其他财务能力等。此项可以与自身组织或机构中负责财务工作的工作人员联系，并让其协助进行审查及提供相应的证明材料。

技术资格：仔细研读供应商资格中对技术资格的限定，在社会工作服务招标中，一般会要求供应商具有“合法承接社会工作服务的能力”。并非所有招标公告都会设置技术资格条件，但在投标准备资格审查的时候需要留意。

子任务 2 投标申请及确认

工作任务

能够根据招标公告的要求，开展投标的申请及确认工作。

知识准备

一、投标的申请及确认

供应商在资格自我审查后，如符合供应商资格，并有投标的意愿，需要进行投标的申请及确认工作。此部分就是供应商按照招标公告的规定程序，告知采购代理机构，自己会进行投标并缴纳保证金，确认自己有意愿参与投标及承接服务项目的过程。

二、投标申请及确认的程序

投标申请及确认的程序，一般在招标公告里面都会有清晰的说明，其主要的程序有：

购买标书。投标人需要根据招标公告中有关购买标书的程序及要求，携带相关的证明材料到采购代理机构处购买标书，获取招标公告的正式文件。随着网络发展，现在也有较多采用网络购买的方式。具体可以根据招标公告的程序进行操作。

缴纳保证金。为了避免投标人在投标有效期内随意撤回、撤销投标或中标后不能提交履约保证金和签署合同等行为而给招标人造成损失，在投标过程中，一般要求投标机构在规定的时间内缴纳一定金额的投标保证金。如情境导入案例中投标邀请函的第六点就明确规定了需要缴纳的保证金数额及到账时间。在缴纳投标保证金后，如投标人在投标过程中，无不良投标行为，一般会在投标结束后退回。

投标确认。在购买标书及缴纳投标保证金后，在开标之前，还需要进行投标的确认工作。一般情况下，在招标公告中也会有清晰的指引，目前较多为网络确认，需要投标机构登录采购网站进行投标确认，确认自己会进行投标，并按照要求上传电子版的投标文件。

三、投保申请及确认的注意事项

注意时效性。一般情况下，投标申请及确认的程序都会有时效性，要求在某年某月某日之前完成，投标人应该详细阅读招标公告，并了解截止日期，并在截止日期之前完成标书购买、缴纳保证金及投标的确认工作，否则投标人将直接错失投标的机会。

保留相关的原始凭证。购买标书及缴纳保证金是投标人参与投标的必要条件。在投标评审过程中，评审专家会对投标人的资质进行审查，审核投标人是否购买标书及缴纳保证金。投标人需要将购买标书的原始发票及缴纳保证金的转账凭证附加在投标文件中以便核验，否则投标人将无法通过资格审查，而无法参加评选。

子任务3 投标资料的准备

工作任务

能够根据招标公告的要求，进行撰写投标文件及做好相应的资料准备工作。

知识准备

在投标过程中，投标机构须按照要求做好投标资料的准备工作，并递交标书，一般情况下投标资料的准备，包括商务资料、经济文件及技术资料三个部分。

一、商务资料的准备

商务资料常规内容。商务资料一般包括投标人的资质、营业执照、荣誉证书等文件，主要是评委用来评价投标人是否满足招标文件要求的资格，对投标人进行资格审查的依据，商务部分资料相当于佐证投标人具备投标的准入门槛。

商务资料格式。在招标公告中，会提供投标文件的商务资料撰写格式，投标人需要依据自身的情况并结合评分标准，发挥自身优势，如实填写相应的商务材料表格，并按照要求附加相应的佐证材料。

商务资料撰写技巧。一是资质证明文件要真实齐全。要检查所填写的资料是否真实准确，并且资质文件附件的提供要齐全，如有缺失，将有可能直接导致投标人无法参与投标。此部分主要根据采购需求中"供应商资质"的要求进行提供。二是凸显优势。除了提供基本的资质文件证明投标人符合采购供应商资质要求外，投标人应根据采购公告中的商务评分表或商务技术评分表中的评分要求，按照评分标准，凸显自身优势，提供相应的商务文件。例如情境导入中案例的商务技术评分标准，第5~10条，"人力资源保障措施、管理制度、项目管理人员、项目一线人员、业绩及用户评价"等，这些都属于商务资料部分，投标人应该细读这部分的评分要求，根据评分标准，充分凸显自身的优势，提供最优质的佐证材料。

二、技术资料的准备

技术资料常规内容。技术资料一般是指投标人的技术服务方案，投标人需要根据用户需求书服务内容及技术要求，结合招标公告的评分标准，有重点地撰写服务计划方案等技术文件。

技术资料格式。在社会工作采购招标公告中，一般不会提供固定的技术资料文件的格式，投标人可以根据自身的情况，撰写技术方案。

技术资料撰写技巧。一是清晰掌握用户需求及技术标准。投标人应细读采购公告中的"用户需求书"，翔实了解及掌握里面的技术服务要求，并结合其需求，撰写高品质的服务方案，如投标人对用户需求存在疑问，也可根据公告中的联系方式，电话询问采购方，以便做进一步的了解。二是充分回应需求及技术评分标准。投标人撰写的技术服务方案需要充分回应采购中的用户需求。此外也需结合采购公告的"技术评分标准"或"商务技术评分标准"中的技术评分内容，撰写具体的服务方案，例如情境导入中案例的商务技术评分标准第1~4条，"响应程度、服务响应时间及保障措施、服务能力、服务方案完整性及专业性"等，均属于技术部分的评分标准。投标人应该细读这部分的评分要求，根据评分标准，提供优质的服务技术方案。

三、经济文件的准备

经济文件常规内容。经济文件主要是指投标的项目报价及财务资料文件，一般包括报价函、报价表及财务制度、财务审计报告等资料。其中报价表一定要根据采购项目的报价要求进行报价填写，不能高于采购价格，但同时也要衡量自身的项目成本，提出最优报价，突出自身的价格优势。

经济文件格式。在采购公告中，一般会提供经济文件的撰写格式，投标人需要根据固定的格式进行撰写，如无固定格式，投标人可自拟格式。

经济文件撰写技巧。投标价格是投标过程中最为保密和重要的环节之一。在投标报价时要特别注意：一是认真阅读采购公告及采购需求中关于报价的要求及报价上限等要素，确保报价在采购预算范围内；二是了解评标方式是“综合评分”还是“价低者得”。如评分标准是价低者得，则需要在满足采购需求、保障服务质量的同时，根据自身运营的情况，提出自身能接受的最低报价，以提高中标率。如果评分标准是综合评分法，则我们既要考虑价格所占的权重，也要积极提升商务技术部分的得分。如情境导入中的招标案例，其评分采用综合评分法，价格所占权重为 10%，商务技术得分所占权重为 90%。因此我们在做好报价的同时，需要花更多精力做好商务技术部分的资料。

子任务 4 投标资料的编制及递交

工作任务

能够根据招标公告的要求，编制投标资料，递交标书，完成投标的筹备工作。

知识准备

一、投标资料编制

在完成投标资料的撰写及准备后，需要对投标资料进行编制，一般而言，招标公告对投标资料编制也有明确的要求，投标人应该按照招标公告中规定的投标文件编制程序进行编制，并注意如下要点。

（一）要依据采购公告的格式顺序进行编制

投标人需要根据招标公告中提供的招标文件格式及顺序进行投标文件编

制，先后顺序要与招标公告提供的顺序保持一致，同时尽可能保持招标公告的格式，避免进行非必要的改动。

（二）要列清目录大纲，保证投标文件框架清晰

投标人需要根据招标文件要求列好大纲，以招标文件给定的格式作为主要框架主干，以商务技术评分要求中的每一细项作为框架主干的分支。确保投标文件框架条理清晰，也要保证每个章节一脉相承，让评委能够快捷地找到每项的评分内容，提升得分率。

（三）要严格进行检查及审阅，避免出差错

投标工作是一项烦琐的工作，同时也是一项非常严谨的工作，投标文件中的任何一个错漏，都有可能导致废标或降低得分。因此在投标文件编制过程中，必须认真审查，避免出现漏洞或差错。此处最好能够确定投标文件的校对人员，对投标文件进行详细的审核校对。

（四）要按要求进行投标文件的打印装订

投标人编制完成后，需要将投标文件编制成册，并根据招标文件的要求，提供正本及副本，一般而言要求递交投标文件 1 个正本及 4 个副本，具体需要根据招标公告的要求进行提供。

（五）要按照要求进行签署及盖章

投标人需要根据投标文件编制的要求，对需要投标代表或法人代表签署的地方一定要进行签署确认，并对需要加盖公章之处盖上公章。在每份投标文件封面及骑缝之处也必须加盖公章。此外要留意投标文件中的任何重要的插字、涂改和增删，也必须由法定代表人或经其正式授权的代表在旁边签名及盖章才有效。

（六）要严格进行投标文件的密封

为确保招标工作的保密性及公平性，招标机构会对投标文件有严格的密封要求。要求投标人在递交标书时，投标文件处于密封状态，并标注在开标

之前不得进行解封等字样。

二、投标文件递交

投标文件的递交有明确的截止时间，投标人需要根据招标公告的要求，在截止时间之前，将投标文件递交到指定地点。

任务三 项目立项评审

情境导入

根据上一节情境导入案例的项目评分标准（表4–2），谈谈这是什么评审方式？你将如何有重点地准备项目的立项投标资料？

本项目采用综合评分法，其中价格占10分，商务技术部分占90分，具体评分标准见表4–2。

任务要求

能够根据不同的项目立项评审方式的差异及掌握项目立项评审的过程，做好项目立项的评审工作。

子任务1 项目立项评审的方式

工作任务

了解项目立项评审的方式及不同评审方式的差异。

知识准备

一般情况下，常见的项目招标立项评审方式有下面两种。

一、最低价评标法

最低价评标法是指以价格作为评审的主要因素，在供应商满足招标文件实质性要求的前提下，依据价格进行评审，以提出最低报价的供应商作为中标供应商或中标候选供应商的评标方法。

二、综合评分法

综合评分法是指在最大限度地满足招标文件实质性要求的前提下，按照招标文件规定的各项因素（价格、技术、财务状况、信誉、业绩、服务等）进行综合评分，以评标总得分最高的投标人作为中标供应商或中标候选供应商的评标方法。

如项目立项评审是采用最低价评标法，投标人在进行报价时，需要充分考虑自身的情况，提出最优的报价方案；如项目立项评审采用综合评分法，除了在报价上需要留意外，投标人在标书中，也需要充分呈现自身在技术、信誉、业绩及服务等方面的优势，以获得较高的综合得分。

子任务 2 项目评审的程序

工作任务

了解及掌握项目评审的程序，能够根据评审程序做好项目立项工作。

知识准备

项目评审一般采用封闭式评审，通用的项目评审程序主要包括以下几个方面。

一、宣布评标纪律及工作规则

在评标前，由采购代理机构组织评审专家签到及召开会议，宣布评标纪律和评审工作规则，评标专家签署《政府采购项目评标专家承诺书》，并推选评标委员负责人或组长。在此环节中，评标专家对与自己有利害关系的评审项目应主动提出回避。

二、对投标人进行资格审查

评标委员会对所有供应商递交的投标文件，进行资格审查及符合性审查。有下列情形的将视为无效投标，一是投标人不符合招标文件规定的资格要求的；二是投标人报价不合理，高于采购报价的；三是投标人未按照规定缴纳保证金的；四是投标人对投标文件未按照要求进行签署盖章的；五是投标人对投标文件未按照规定进行密封的；六是投标人有其他不符合供应商资格的情形等。

三、评标澄清

评标委员会可以就投标文件中存在的疑问要求投标人书面解释和澄清。投标人的解释和澄清不得改变投标文件的实质性内容，投标人书面解释和澄清应由投标人或其授权委托人签字或盖章。

四、评委评标

评标委员会对所有合格投标文件的技术、商务、服务部分独立进行评审并签字，必要时标明评审理由。

五、核算评标结果

采用综合评分法的，价格分值由代理机构根据公式计算，其结果由评标委员会签字确认。代理机构负责复核、统计各评审专家的评审情况，发现评审差异较大时，可提请评标委员会讨论，形成书面意见备查。评审专家认为必要时可修改自己的评审意见。

六、编写评标报告

评标委员会根据全体评审专家签字的原始评标记录和统计结果，按照投标人的评审名次排序，推荐中标候选人，编写评标报告。

整体评审开标和评标过程由代理机构指定专人负责记录，并存档备查。

子任务 3 项目立项与评审的注意事项

工作任务

了解项目立项与评审的注意事项。

知识准备

一、投标工作的时效性

投标工作是一项时效性比较强的工作，在投标公告中，对比较多的事项都约定了截止时间，投标人必须在截止日期前，完成相关的工作。在此处，我们可以根据招标公告制定任务执行表，以便能够检视有关投标准备工作是否及时完成。如表 4–3 所示，我们根据情境导入的案例，制定投标确认及申请的任务执行表。

表 4-3 项目立项筹备工作任务表

序号	任务事项	截止时间	负责人	是否完成
1	购买标书	2020 年 7 月 22 日		
2	缴纳保证金	2020 年 8 月 5 日		
3	投标资料撰写	可以根据自身情况安排截止时间，但一般要求在开标前 3 天完成		
4	投标文件编制校对	可以根据自身情况安排截止时间，但一般要求在开标前 2 天完成		
5	投标文件签署盖章	可以根据自身情况安排截止时间，但一般要求在开标前 1 天完成		
6	投标文件印制密封	可以根据自身情况安排截止时间，但一般要求在开标前 1 天完成		
7	投标网络确认	2020 年 8 月 6 日 15：00 开标前		
8	投标签到	2020 年 8 月 6 日 14：30—15：00		
9	投标文件递交	2020 年 8 月 6 日 15：00 前		

二、投标文件的签署及更改

在投标过程中，仅有两个人有签署或更改投标文件或在投标过程中代表投标人递交各项澄清文件的权力。一是投标法定代表人；二是法定代表人授权的投标代表。其他人员均无权签署或更改或代表投标人递交澄清或补充性文件。如投标文件不是由法定代表人签署的，须在投标文件中按照要求递交授权书，确定投标代表人及其权力范围。需要特别注意投标文件中的任何重要的插字、涂改和增删，必须由法定代表人或经其正式授权的代表在旁边签字或盖章才有效。

三、投标文件的密封

所有投标文件须密封包装，包装件数不限。一般在外包装上应当注明项目名称、采购代理编号、投标人名称和“在投标截止时间之前不得启封”的字样。如果未按要求密封和标记的投标文件将会被拒绝，投标人将丧失投标资格。所以在递交标书时，应该严格按照招标公告中规定的密封要求，对投标文件进行密封包装处理。

四、投标文件的审阅校对

投标工作是一项烦琐的工作，同时也是一项非常严谨的工作，投标文件中的任何一个错漏，都有可能导致废标或降低得分。在投标文件完成后，必须逐步对投标文件进行详细的审阅及校对。在此处，我们可以根据招标的有关要求，制定翔实的校对表（见表4-4），以便逐项核对，确保投标文件准确无误。

表4-4　投标文件审阅校对表

序号	检查内容	检查方法	确认	注意事项
一	投标文件			
1	投标文件评审的标准和方法	仔细阅读评分标准，包括评标项目、评标分值、评标方法描述	□	必须做评分索引表，根据评分标准表，逐项做出评分索引页码，并计算得分情况
2	项目编号与名称	检验投标文件整篇项目编号与名称是否正确	□	按照招标文件要求
3	投标人名称及资质	投标人名称与营业执照、资质证书、银行资信证明等证照一致	□	投标人名称与资质证书一致，保证资质证书有效

续表

序号	检查内容	检查方法	确认	注意事项
4	投标文件排版	检查文本格式、字体、行数，图片是否模糊歪斜，是否按招标文件要求编辑	□	图片清晰程度，按照招标要求提供
5	投标文件目录	投标文件目录是否完整，章节是否清晰，页码是否更新	□	目录分级，框架主线清晰
6	投标文件的完整性	对照目录进行逐项检查	□	按照目录逐项检查，注意有无漏项
7	投标内容	符合招标文件规定	□	按照招标要求
8	页码、页眉、页脚	检查有无重页和缺页	□	项目名称、包号、公司名称、页码是否连续
9	报价及分项报价表	只能有一个有效报价（按招标文件要求提交备选投标方案的除外） 投标报价不能高于投标预算价 分项报价表单价、数量、总计要核对清楚，价格小数点要统一 纸质版、电子版上传均应一致	□	货币单位、报价大小写一致
10	资质文件检查	顺序及完整性检查；有无复印不清或歪斜；检查证明材料是否齐全	□	注意资质有效、清晰、齐全
11	营业执照、各项资质证书	有合格的营业执照，且经营范围与招标项目一致；注册资金和资质符合法律法规和招标文件要求	□	按照招标要求
12	投标有效期	投标有效期符合招标文件要求	□	按照招标要求
13	偏离表	商务和技术不能有任何偏离，保证无偏离	□	按照招标要求
14	项目人员资格	满足法律法规及招标文件要求	□	项目人员资质有效、清晰、完整
15	其他投标条件及要求	符合招标文件要求	□	按照招标要求，注意需要承诺的投标条件
二	分项检查			

续表

序号	检查内容	检查方法	确认	注意事项
1	投标函或开标一览表	格式是否符合要求，逐页检查是否响应、漏页 投标函中投标金额大小写检查 开标一览表的单价与总价金额是否正确	□	注意有时投标函的签字是法定代表人签字
2	投标保证金	投标保证金是否符合要求；金额是否符合要求	□	注意检查公司名称、保证金金额，以及是否从公司基本账户汇出
3	商务部分	格式是否符合要求，逐页检查是否响应、漏页 商务标书完整性检查 商务标书、资质证书是否在有效期内 检查机构相关资质证书是否齐全、有无过期 检查投标人员信息、证件对应、有无过期	□	按照招标要求
4	技术部分	格式是否符合要求；逐页检查是否响应、漏页 技术方案是否能够突出优势，是否符合技术要求及评分标准	□	注意核对技术方案与技术评分标准的响应性
5	电子光盘	是否按照要求提供，光盘正面填写信息是否正确	□	导入文件是否可读
三	投标文件签署、盖章和封装			
1	法定代表人签字和授权代表签字（盖章）检查	检查每页有无签字和盖章、签字是否正确，是否和授权人相符，是否有法定代表人签字	□	注意法定代表人签字和签章的区别
2	封装方式及密封纸张检查	检查封装方式、封装纸张是否按照招标文件要求	□	按照招标要求
3	封装包检查	是否按要求分装（正副本是否分开）；检查封装包数量	□	按照招标要求

续表

序号	检查内容	检查方法	确认	注意事项
4	投标文件份数	检查投标文件是否写上正本和副本 标书要求的正副本数量和电子版份数	□	按照招标文件要求
5	项目编号与名称	投标文件封面及整篇项目编号与名称是否正确	□	按照招标文件要求
6	密封袋封面	是否按内封、外封要求填写信息	□	按照招标要求
7	签字、盖章检查	检查投标文件内是否签字，盖章处是否已签字、盖章，是否盖骑缝章，骑缝章是否覆盖每页	□	按照招标要求
四	开标现场准备文件			
1	投标文件递交	是否携带	□	文件保证完好
2	委托人身份证原件授权委托书	是否携带	□	无论有没有要求都尽量携带一份原件
3	投标文件递交登记表	是否携带	□	按照招标要求
4	投标保证金递交函原件	是否携带	□	投标文件中是否已放保证金扫描件
5	招标文件要求的资质证书、人员证书、业绩合同原件	是否携带	□	携带资质原件清单；递交资质前需清点资质；原件必须由授权人亲自携带；原件借用须派人领取
6	开标时间地点	是否已通知	□	

五、开标评审当天注意事项

开标评审当天需要特别留意以下事项：一是投标代表人须出席，投标代表人必须参与投标，须代表投标人递交投标文件及签到，并递交有关澄清性文件等。二是须携带投标人公章参与投标，以便在评标过程中，对需要补交的各类澄清性文件或补充性文件，进行签署盖章确认。三是须携带有关投标人资质性文件或有关业绩文件等，以便在评审过程中，查验核实。四是必须保持电话等通信工具的畅通，以便及时回应及解答、处理评审过程中的突发事件。

任务实施

根据本章开篇情境导入的案例，你将如何结合有关项目招标立项的类型、项目立项准备及评审的要点，进行项目的立项工作?

明确项目立项招标的类型。案例中的招标是公开招标，意味着符合条件的供应商都可以参与，立项竞争的对手可能比较多，竞争性也比较大。因此在整个过程中，要根据评审的标准，充分展示自身的优势。

做好项目立项的申请。按照招标公告的要求，做好项目前期立项的申请及确认工作。购买标书—缴纳保证金—确认投标。

准备立项投标资料。根据招标公告，充分回应用户需求书的内容，撰写服务方案，并做好招标商务资料、技术资料及价格资料。

递交投标文件。按照要求将资料装订成册，并在需要签署盖章之处进行签署盖章，打印正本及副本并密封，在投标截止时间之前递交投标资料。

跟进项目评审的过程，如有需要，及时回应及递交有关的补充说明资料。

查阅评审结果：在投标评审结束后，一般会在采购网站公开评审结果，如果对评审结果有异议的，也可递交质疑文件，由采购代理机构进行答疑。如能中标，则继续跟进项目立项合同的签订等工作。

拓展练习

请登录政府采购网站，选取一个社会工作服务采购项目，下载并详读招标公告，并根据招标公告的要求，尝试自己制作一份完整的项目立项投标文件。

项目五 项目实施与管理

【项目导学】

随着社会工作的不断发展，社会工作服务机构的服务项目不断增加，这便提高了社会工作服务机构对社会工作项目的管理能力和水平的要求。因此增强项目实施与管理中的系统管理思维和技巧能够进一步为目前社会工作项目的发展注入新活力，提高社会工作的服务效果。

本项目将从项目的组织实施、项目的控制与管理、项目实施保障三个方面来阐述项目在实施与管理的过程中需要掌握的知识以及工作方法，为社会工作者开展项目提供借鉴。

【项目学习目标】

知识目标

❶ 学习项目中关于团队建设、建立管理制度的相关知识。

❷ 掌握项目策划与实施的要点。

❸ 了解对项目进行财务、风险、质量、文书管理的内容。

❹ 掌握项目督导、资源整合以及三方沟通的要点。

技能目标

❶ 学会使用甘特图等时间管理的工具。

❷ 能够实施项目的有效管理。

❸ 具备对项目监测与评估的能力。

职业素养目标

❶ 认识项目管理与实施的重要性。

❷ 有较强的组织、协调能力，具备较高的写作水平以及严谨务实的工作作风。

❸ 初步形成耐心、细心的服务意识，树立团结协作的参与意识以及高度的责任感和大局意识。

任务一 项目的组织实施

情境导入

机构经过立项准备和评审，项目中标了。自项目进入组织实施阶段后，机构总干事小李就开始头痛，应该配备什么样的团队去运营这个项目呢？新项目点的社会工作项目管理要制定哪些管理制度呢？

任务要求

请思考项目的组织实施有哪些方面，每个方面有哪些要点。

子任务1 项目团队建设

工作任务

了解项目组织实施中的人才招募、人员培训、团队建设、团队内部沟通、绩效考核的相关内容。

知识准备

一、人才招募

（一）确定招聘岗位与职责

招聘前需要确定所招聘岗位的职责。通常来讲，社会工作服务机构都会对各个岗位（如项目主管、一线社工、行政助理）的职责要求进行设定，但这些职责说明一般较为概括，无法体现项目中各项任务的具体分工。例如，根据中心制订的工作计划，开展、跟进、完成各项工作指标任务；综合运用个案、小组和社区等工作手法，为服务对象开展适当的服务等。

确定岗位职责的最理想做法是根据工作分解结构图（或者任务内容明细表），针对项目方案的目标、任务和工作包，更清晰地将职责精确到每一名团队成员。如图 5–1 所示。

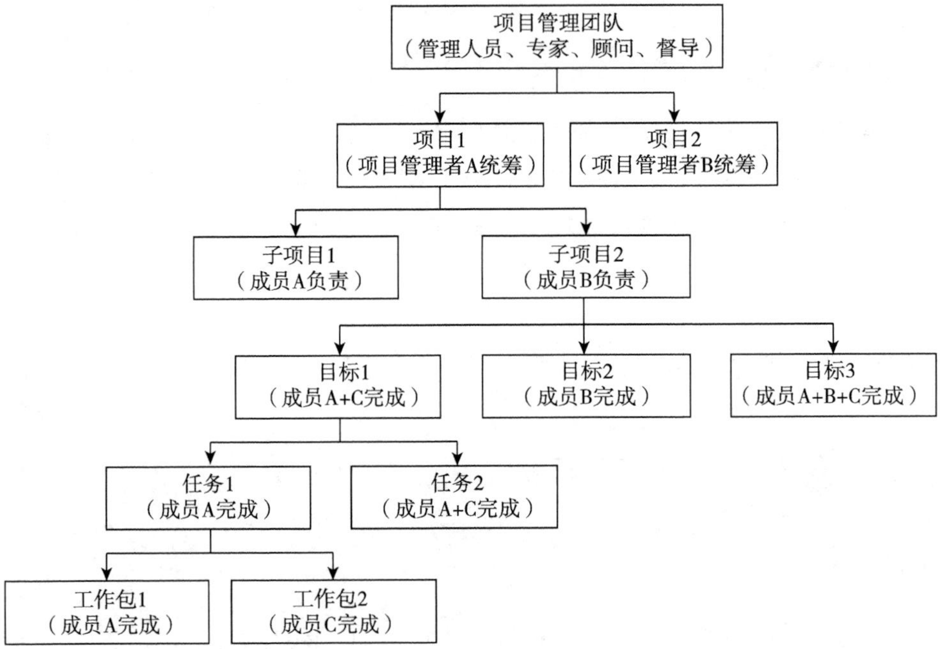

图 5-1　工作分解结构图

（二）选拔条件

1. ASK

态度（Attitude）：包含了个人品德、职业操守、工作责任、学习态度、与人相处方式、为服务对象改善生活现状的理念等。

技巧（Skills）：具备工作所需的技能和解决问题的能力，如个案接案的具体步骤和方法、活动策划能力等。

知识（Knowledge）：具备工作所需的理论与知识，如服务群体的基本知识、各种社会心理理论等。

在这三者中，态度最为重要。一个工作态度良好、愿意提升自己的应聘者，其知识和技巧定会逐步提升。相反，一个态度不良且不愿意付出的应聘者，很可能会影响到项目的成效。

2. 胜任能力

胜任能力强调是否能够将态度、技巧、知识表现出来并达到甚至超水平地完成任务。胜任能力分为5个类别，其中，技巧和知识属于“已知”层面，自我概念、特质和动机属于“潜意识”层面。因此，知识和技巧最易培养，其次为自我概念，而动机及特质最难培养。见表5–1。

表5-1 胜任能力表

胜任能力	说明	具体说明
技巧	完成某任务的技巧	小组工作技巧、长者辅导技巧、专业书写技巧、分析能力、有效沟通技巧
知识	某领域的知识	长者领域（如个案管理、缅怀治疗）、社会研究、家暴个案危机处理的知识
自我概念	个人的自我形象、态度和价值观	认同并能融入机构使命与文化、认同并愿意了解项目关注议题/群体所持的观点
特质	对待事物的常态反应和特征	适应能力、情绪稳定度、同理心
动机	想达到某行为或者目标的驱动力	制定目标、责任心、不断完善、突破创新

（三）选拔形式：行为事件访谈法

行为事件访谈法是一种开放式的行为回顾探索技术，是了解应聘者胜任能力的主要工具之一。其理念是：一个人的行为是很可能会重复出现的。因此，要了解一个人是否会再出现某些行为，便需要了解其过去的行为，针对其过去行为提出问题。

1. 在运用行为事件访谈法之前，先询问应聘者关于价值观、团队领导能力、专业知识和技巧的相关问题，例如：

（1）价值观：请分享一件让你对专业有深刻反思的事件。

（2）团队领导能力：请分享1～2起你处理过的团队问题。

（3）专业介入的知识与技巧：请分享一起家访时服务对象突然出现一些意想不到的行为，例如情绪不稳定等。

2. 询问完上述问题后，再运用行为事件访谈法引出下面的问题，行为事件访谈法共分为STAR 4个问题。见表5-2。

表5-2　STAR访谈表

STAR	说明	提问参考
S：Situstion	了解曾经发生的行为事件	那是一个怎样的情境？何地、何时发生？因为什么事件而起？与谁有关（同事、上司、服务对象）？
T：Task	了解当时应当完成的任务	当时你应当完成什么任务？以达到什么样的目标？
A：Action	了解已采取的行动	在那样的情境下，你当时心中的想法、感觉和想要采取的行为是什么？你具体做了什么？怎么做？有谁参与？
R：Result	了解已达到的结果	最后的结果怎样？你采取的行动带来什么结果？

3. 注意要点。访谈时，需要特别注意被访者的回答核心要点，例如：

（1）如何看待其他人，是肯定还是否定。

（2）如何看待情境，其分析问题与解决问题的能力。

（3）其感受是什么，如恐惧、信心、激动。

（4）其内心想要做的是什么，是什么激发其要把事情做得更好。

二、人员培训

项目社工和一般社工的培训存在一定的区别。项目社工的工作针对性较强，为了能够让项目社工更好地开展工作，其培训也需要具有针对性。对于项目社工而言，主要培养他们短时间内尽快掌握开展项目的能力，其培训应该集中在如何更加高效、更加优秀地进行项目开展以及如何解决项目开展过程中可能出现的异常情况这两个方面。

（一）培训形式

人员的培训有很多方式，常见的包括课堂集中授课、聘请专家进行指导、资深社工的经验传授、现场考察学习与交流等。另外，还可以采取互动式教学、研讨式学习、座谈式交流等，全方位、深层次传授社会工作者应具备的相关知识。

（二）培训类型

1. 岗前培训

岗前培训能够帮助新入职或新入项目的社工全面了解项目和服务辖区的情况，更快地适应社工工作。为了全面提升政策理论水平和专业服务水平，一般需要为社工开展岗前培训，实现专业服务角色的转换，以更好地融入项目点的工作环境，适应全新的工作模式。

2. 岗中培训

岗中培训又可以称为员工成长培训。在项目实施过程中，因为团队发展和服务品质的需要，要保障服务目标的达到，会定期开展岗中培训。值得注意的是，岗中培训会根据项目的特点和员工成长需求来确定，因此项目点需要做一份培训需求调研，根据调研结果安排培训主题和时间，确定培训人员。

（三）培训内容

1. 知识教育培训

（1）专业知识的再学习与巩固，包括社工的素质、社会工作的三大工作手法、相关法律法规等，针对与项目相关的重点工作及社工在以往项目中发现的问题，有针对性地选择所要学习的内容。

（2）能力建设，包括良好的口头表达能力与写作能力；对实务情境的快速有效反应能力；组织工作、完成项目目标的能力；发现和获得帮助服务对象所需要资源的能力；处理服务过程中冲突的能力；在专业实务服务中运用社会学和心理学知识的能力等。

2. 实务能力培训

在社工的能力应用中，社工的综合能力，体现在（包括）对专业知识的掌握程度、运用知识的熟练程度、应对危机介入的反应能力等，也就是实务能力在工作中的具体表现。实务能力的培养与增强对提高服务的品质有直接的影响。

（1）通过模拟成功的案例，掌握系统理论、社会学习理论、人在情境中理论等相关理论在社会工作实务中应用的能力。

（2）在授课和交流中重点培养社工的职场工作能力。在职场中，职业人需要有较好的语言表达能力与写作能力；在专业关系中扮演某种角色的能力；选择有效信息的能力；评估机构服务的能力等。

（3）完善社工在工作中的基本技能，包括有目的地倾听服务对象的叙述；有效分析工作中的各种信息；创造和维持专业的助人关系；用创造性的方式解决服务对象问题的技巧；确定何时结束专业关系以及如何结束专业关系的技巧；开展实务研究的能力；链接资源的能力等。

（四）培训注意要点

1. 关注服务对象的能力，而不是他们的问题

我们应该从优势视角去看待我们的服务对象，充分地去提升服务对象本身拥有的能力，实现助人自助。

2. 关注培训目标和培训内容之间的关系问题

一个看似一样的培训活动，可以有不同的目标。开展培训时需要思考如何在活动中设定目标，而我们的目标如何设定则决定了我们如何去开展活动。为了让简单的游戏切合并且保证目标的实现，一是注重培训活动的细节，所谓“细节决定成败”，细节的设计决定培训的效果。二是执行严谨的操作程序，严谨的操作程序能够保证方案设计的细节得到贯彻，而合适的引导语能使培训人员朝着预设的方向走，最终保证目标的实现。

3. 关注培训目标的评估

以往常采用的方法之一是活动后的分享，大家的分享关注两个方面，一是培训的感受，二是知识或能力的吸收。这种评估主要是主观层面的反馈，不利于机构对员工工作的评估。另一种是采用问卷评估，问卷评估在问卷设计上难度较大，虽然有可供参考的活动评估问卷，但每个活动的目标不同，使得每次活动后的问卷都要修订，成本较大。因此，评估方法视机构的具体情况而定，可以将两种方式相结合。

4. 关注社会工作理论与实践相结合

在培训中，要着重培养社工对相关理论及理论本身有相当深刻的自我理

解的意识，并注重培养社工将理论与实践相结合的能力，提升社工服务的专业化水平。

三、团队建设

（一）团队领导者需要具备的素质

1. 较强的时间管理能力

项目的领导者不仅需要进行服务的监测，做好项目的对外沟通，还要做好项目团队的管理工作，因此需要较强的时间管理能力。这里介绍“时间管理四象限法”，该法把工作按照重要和紧急两个维度进行了划分，基本上可以分为4个象限：既紧急又重要、重要但不紧急、既不重要也不紧急、紧急但不重要。见图5–2。

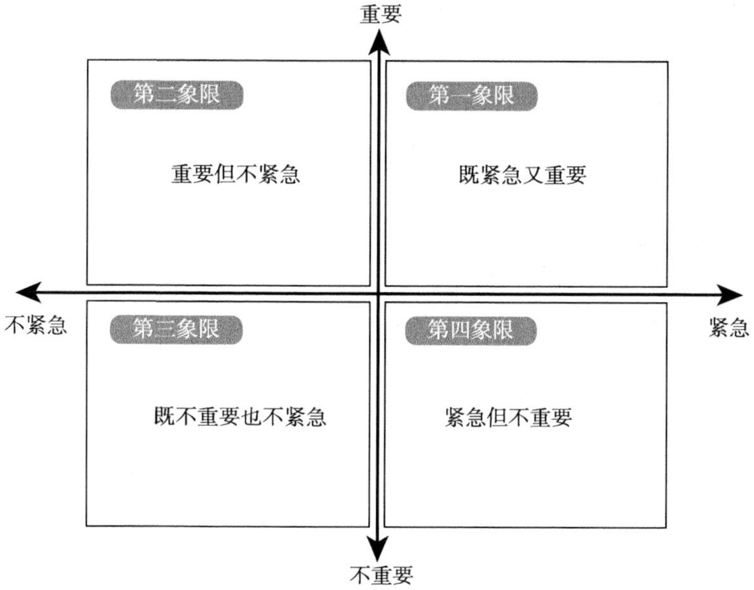

图 5-2 时间管理象限

第一象限包含的是既紧急又重要的事情，这一类的事情具有时间的紧迫性和影响的重要性，无法回避也不能拖延，必须首先处理优先解决。

第二象限包含的是重要但不紧急的事情，这一象限的事件不具有时间上的紧迫性，但具有重大的影响，这些事情虽然看起来不紧急，但如果不重视它，随时会发展成紧急而重要的事情。

第三象限包含的是既不重要也不紧急的事情，没有时间紧迫性，没有任何的重要性。这些事情可以延迟做，或者找人代替做，甚至可以视情况选择不做。

第四象限包含的事件是那些紧急但不重要的事情，这些事情很紧急但并不重要，因此这一象限的事件具有很大的欺骗性。很多人认识上有误区，认为紧急的事情都显得重要，往往占据人们的很多宝贵时间。有些时候，这类事情可以找合适的人代替自己完成。

2. 整合资源的能力

社会工作者作为资源链接者，只有动员和整合社区中蕴藏的各类资源才能更好地为服务对象提供服务。领导者需要为项目站点争取整合资源，为项目站点的服务开展提供最有力的保障。

3. 较好的处世能力

具备较好的处世能力不仅有助于项目社工与相关单位、地区合作组织建立良好的关系，而且团结性格各异、工作风格不同的人员，使团队的气氛更融洽。

4. 掌握社会工作的艺术

社会工作是做人的工作，不是机械化的流水线工作。社会工作的发展有赖于各项制度的有效执行，社会工作者需要掌握工作的艺术，灵活处理各项事务，而不是僵化地执行中心的各项规定。

（二）团队成员的组成

团队成员的搭配需要注意几点。

1. 性格的多元化

项目组成员的性格多元化，有利于发挥出互补的优势，形成更大的合力，为项目的成果带来更多的可能。而多元的团队，也让工作氛围更丰富，使工作变得有趣。

2. 能力的多元化

如果中心的成员拥有各种各样的才能和个人能力，这能使中心的各项工作都能找到合适的人选。

3. 以老带新

工作年限比较长、行业服务经验比较丰富的社工和刚入职的新社工在一起工作，有助于新社工更快地适应新的工作环境，工作能更快地上手。

（三）团队成员的凝聚力

要提高凝聚力的社工团队还要做到以下几点：

（1）明确中心团队的目标和项目组社工个人的目标，并且使这两个目标尽量达到一致。

（2）开展丰富的团队业余活动，如利用业余时间进行体育运动、户外拓展活动、聚餐等。

（3）要注重团队成员间的分享，在团队中进行工作经验分享和个人生命历程的分享，不仅能使成员之间得到共鸣，更能加强团队的凝聚力。

四、团队内部沟通

在项目运营的过程中，项目团队的协作能力直接决定了服务的质量。很多项目主管因为忙于事务，疏忽了团队成员之间的沟通，导致团队内耗严重，合作不顺畅。有效的沟通需要做到服务开展之前有商议、服务开展中有联动、服务结束之后有总结汇报；参加联席会议，听取项目站点关于该项目的阶段性工作安排；形成工作月报，定期在会议中汇报；在日常具体的工作中，凡是与项目有关的，无论事情大小，务必多交流。在项目中，建议建立常态化的沟通机制，并在工作中保证实现。

在一个团队中，在团队协作上，内部沟通主要体现在纵向的上下级及横向同级成员间的相互交流上。

（一）横向沟通

1. 横向沟通的类型

横向沟通的第一种类型是指来自同一部门或者相同领域的社工之间的沟通。同一部门内的横向沟通、不同部门间的横向沟通、部门管理者间的沟通、部门管理者和其他部门员工之间的沟通、不同部门员工间的沟通。

横向沟通的第二种类型是指来自同一管理阶层。同一层次中成员间的横向沟通、处于不同层次的没有隶属关系的成员间的交叉沟通。

2. 横向沟通的形式

跨部门、跨领域的横向沟通通常采取的形式包括会议、备忘录、报告等。其中会议是最常采用的沟通形式，包括决策性的会议、咨询性的会议和通知性会议等。

在项目点，领域内部社工之间的横向沟通，多采用面谈、备忘录的形式。领域社工与其他部门或领域的管理者和社工的沟通，采用面谈、文件和备忘录是较好的形式。

（二）纵向沟通

纵向沟通是指沿着组织结构中的直线等级进行信息传递，包括下行沟通和上行沟通。在纵向沟通中，自上而下进行的下行沟通是纵向沟通的主体，而自下而上的上行沟通是纵向沟通的关键。纵向沟通中的形式很多，其中会议也是常用的沟通方式。例如，在会议中，由上级为下属介绍一些政策或者要求。

值得注意的是，内部沟通最重要的是对他人的关心，做主管的一定要注意社工的状况和难处，如果你注意到他们的难处就会让他更加乐意贡献自己的聪明才智。只有更多地关心他人才能够更好地加强内部的沟通和团结。

（三）内部沟通机制

项目的运营管理本质上是使组织项目点的社工凝聚成一个团队，通过团队的合作，完成服务工作。而合作的关键在于：对团队内各成员具体负责的工作进行有机整合，以实现项目目标。由于团队内各成员背景、学识、性格以及彼此人际关系与具体工作的差异，如果缺乏一个良好的协调机制的话，他们彼此之间是很难自发完成良好合作的。如何解决？事实证明：协调机制的重点是沟通。良性的沟通事实上往往建立在项目组内部良好融洽的人际关系上，上下级互相尊重，而同级人员则相互信任，而不是钩心斗角。同时在加强沟通时，要避免沟通过度，即过于频繁的团队会议会导致沟通效率的低下以及时间的浪费。团队的内部沟通容易出现很多障碍，等级、利益冲突、个人矛盾等都会影响到沟通的顺利进行，团队内个人的工作也就无法整合成有机的整体。见表 5-3。

表5-3 内部沟通机制类型

类型	沟通内容	参与人员	时间
项目首次会议	人员培训、实施计划的交流、明确项目目标	项目组全体成员	项目前期
项目动员大会	落实工作任务和责任	项目组全体成员	项目前期
过程评估会议	分析项目状态、评估项目阶段的完成情况	项目组全体成员	项目中期
结果评估会议	评估项目的目标完成情况、总结项目	项目组全体成员	项目末期

五、绩效考核

科学的绩效考核是一种有效的激励机制，它是催生社工工作持续的动力。对于项目社工而言，项目的服务效能往往取决于项目社工的服务表现，因此对社工的服务需要进行综合考核。但社工是一个高度消耗情感的职业，社工在提供服务的过程中，有些工作是很难用数量去衡量的。因此，社工的绩效考核应该采取主观和客观相结合的方式，在客观评价方面，将服务进行量化，根据实际的工作服务数量来计算的同时，需要将花费的时间成本、社工间的合作关系等纳入考核的标准。在主观方面，还要考虑机构管理层和其他社工的意见，采取自评、互评、项目主管评三级综合考核的办法，尽量做到公平、公正、公开。

（一）考核标准

机构或项目组需要定期开展社工目标管理考核，包括服务指标的落实、服务过程评估、服务质量评估、服务满意度调查等内容，并设计实务创新及专业探索的加分项，激励社工加强社会工作实务的研究和服务创新。

服务指标考核主要依据项目组下达的指标数，对社工的工作完成情况和进度进行检查，并对发现的问题及时修正，以保证服务指标在合同期满时顺利完成。

服务过程评估和服务质量评估主要由社工督导进行具体实施。社工督导定期对每个社工及小组的工作过程，包括工作方法和工作记录进行检查、指导、补充，用专业的手法和技巧辅导服务对象数据更新、个案工作、小组工作等，并安排专家对相应的个人和小组进行专业评价，其评价结果将作为机构对社工和小组的考核依据。

服务满意度调查主体包括服务对象、家庭成员、社区相关人员以及服务部门工作人员，通过编制调查表收集对社工所提供服务的评价及满意度、认可度，对社工进行综合评价并纳入评优、晋级、续聘等环节。

实务创新和专业探索评估主要是通过对社工在实务操作中积累的经验总结，以及专业方面的探索，鼓励社工实践和发展专业，形成自身的专业优势和机构的专业优势及创新发展。

（二）考核方式

机构或项目组可以不定期派出人员通过电话访问、问卷调查、抽查社工工作记录档案、走访服务对象和用人单位等方式对社工实际工作进行核查及服务质量满意度调查。

（三）考核过程

绩效考核在所有的组织中都非常重要，做法也大同小异，一般流程如图 5-3 所示。

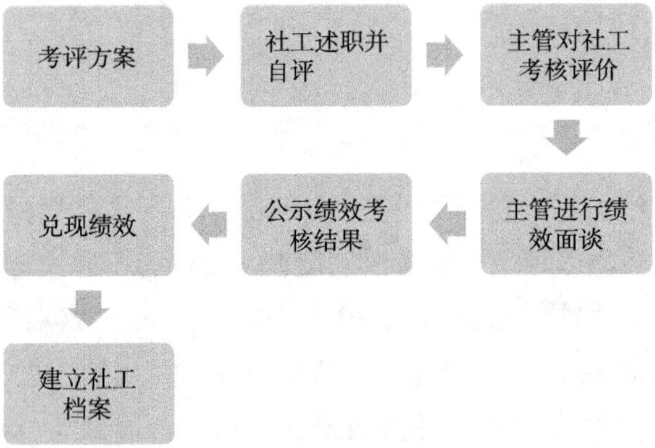

图 5-3　考核流程图

1. 考评方案

项目行政总监编制考评实施方案，设计考评工具，制订考评工作的计划，对各级考评者进行培训，并提出处理考评结果的应对措施，供项目主管决策。值得注意的是，考核标准的制定要收集社工的意见，聆听社工的声音，这样设置考评的内容及工具设计，才能调动大家对绩效考核的积极性，真正发挥绩效考核的作用。

2. 社工述职并自评

服务领域主管或小组长按要求组织社工撰写述职报告并根据考核指标进行自评。所有社工对本人在考评期间的工作业绩及行为表现（工作态度、工作能力）进行总结，核心是对照项目点对自己的职责和目标要求进行自我评价。

3. 主管对社工考核评价

项目主管根据考核对象的日常服务目标完成的程度、管理日志记录、考勤记录、统计资料、个人述职等，在对考核对象各方面表现充分了解的基础上，负责进行客观、公正的考核评价，并提出对考核社工的期望或建议，交由部门上级主管审核。如果一个社工有双重直接主管，由其主要服务的直接主管负责协调另一业务直接主管对其进行考评。

4. 主管进行绩效面谈

考核对象的直属主管负责与其进行绩效考核结果的面谈。当直接主管和社工就绩效考核初步结果谈话结束后，社工可以保留自己的意见，但必须在考评表上签字。社工若对自己的考评结果有疑问，有权向项目主管或机构理事会进行反映或申诉。对于派出外地工作的社工，反馈面谈由该社工所在地的直接主管代为进行。

5. 公示绩效考核结果

项目行政人员负责收集、汇总项目点所有考核对象的考评结果，并对绩效考核结果进行公示。

6. 兑现绩效

机构根据考核对象的考核结果进行结果兑现。进行绩效考核结果兑现需要注意的是，原定的绩效奖惩，不要轻易作改变，如果需要改变绩效兑现，需要提前告知社工。

7. 建立社工档案

将考评结果进行整理，分类建立社工绩效考评档案。

总的来说，项目主管要就绩效考评的最终结果与考核对象进行面谈沟通，对考核对象的工作表现达成一致意见，肯定考核对象的优点所在，同时指出有待改进的问题和方向，双方共同制订可行的绩效改进计划和个人发展计划，提高个人及组织绩效。项目主管及行政总监对本次绩效考评成效进行总结分析，并对以后的绩效考评提出新的改进意见和方案，规划新的社工发展计划。

（四）考核统计与评价

机构或项目组定期进行考核，由本人将服务情况统计报给各领域主管，行政总监汇总后上报机构，机构对项目组的社工业绩情况进行统计汇总并建档备案。考核通常按照季度进行，每个季度进行一次。根据统计数据，机构完成对社工的综合考核后，出具考核结果和评价意见，考核结果分优秀、良好、及格和不及格 4 个等级，本等级是社工奖励办法实施的重要依据。针对存在的问题向负责本组专业指导的社工督导和社工本人提出改进意见。通常来说，社工被告知考核结果后的 5 日内，有权对考核结果提出异议。机构在 10 日内将复核结果告知当事人，复核结果为最终结果。

子任务 2　项目财务管理

工作任务

了解项目财务管理的内容以及实务操作步骤，有效控制成本、合理使用服务经费、财务制度规定的经费使用程序等。

知识准备

一、财务管理的岗位职责

项目团队需设出纳和会计各一名。出纳的岗位职责应遵照国家的财务和会计制度，负责项目组现金、银行结算业务及现金、银行存款日记账、结账工作，并对项目组库存现金、票据及有关印章进行妥善保管。会计的工作职责应贯彻国家财经法规、机构财务制度，做好项目组总账与明细账的核算、报表及会计资料的提供与管理等工作，保证账目的清晰准确和资料、文件的齐全有序。

二、成本预算

（一）成本的类型

1. 直接成本

指仅用于某一特定项目并使该项目产生服务效益的费用，例如仅参与该项目的人员薪酬与福利、仅用于该项目的设施与设备等。

2. 间接成本

指同时可使用在两个或两个以上项目中的费用，并按一定的分配方法，分摊到这些项目的预算里。间接成本常被称为行政费用。例如，机构总干事等管理人员及其他参与所有项目的人员，如行政主管、财务人员的薪酬福利、机构办公室租金及水电费用、一个供多个项目使用的设备。例如，一台电脑按照 5 年折旧年限，每年约 20% 折旧率，折旧费按比例把费用计算到成本里。

（二）成本预算的内容

成本预算主要包括员工薪酬与福利、活动经费、设施与设备、管理费用四项内容，这四类内容的比例会因出资方的要求而有所不同。

此外，一般预算会预留部分费用，以备不时之需。预留费用可以分为应急成本和管理储备。应急成本指的是应对已识别风险的应急费用，须包含在“活动经费”里；管理储备指的是应对不可预见风险的应急费用，一般会预留管理费用 10% 左右作为管理储备。见表 5–4。

表5-4 预算内容

预算内容	说明
员工薪酬与福利	基本工资、绩效工资、社会保险、住房公积金、其他福利
活动经费	活动物资、交通费、宣传费、人员补贴等

续表

预算内容	说明
设施与设备	打印机、电脑、空调、场地租金、物业管理费、水电费、电信费、办公用品等
管理费用	行政管理人员薪酬与福利、培训督导费、办公经费、税费、评估费、审计费用、管理储备等

三、成本控制

成本控制的工作主要是检查项目费用的实际执行情况，监测实际支出是否与预算出现偏差，确保已核准的变更都包括在预算中，并把变更后的项目预算报告给相关方，适时采取纠正措施。

当需要进行预算变更时，我们要同步启动其他控制过程的变更工作，例如在超支情况下，需要同步变更“范围管理”，减少所提供的服务，以控制成本；也需要同步变更“时间管理”，以加快项目进度。

四、经费使用程序

在财务管理中，经费的使用程序是非常重要的。每一个步骤都必须明确清楚，安排合理，才能保证财务工作的顺利进行。经费的使用在项目点一般包括报账和预支两个部分。

在社工服务项目点，部分社工会觉得做实务只要把专业做好就可以了，因此很抵触行政管理的要求，例如费用的报销部分。在工作过程中，经常听到有社工吐槽自己的项目点：好烦啊，报销的程序好复杂，好浪费时间。因此，清晰的财务报账程序和规范的报账内容才能指引项目社工高效地完成经费报账和预支工作。

（一）经费报账流程

经费报账流程如图 5-4 所示。

报账流程有两个注意的地方：一是报销有关服务对象 / 志愿者的费用，须有相关人员的签字认可；二是所有报销必须凭发票报账。

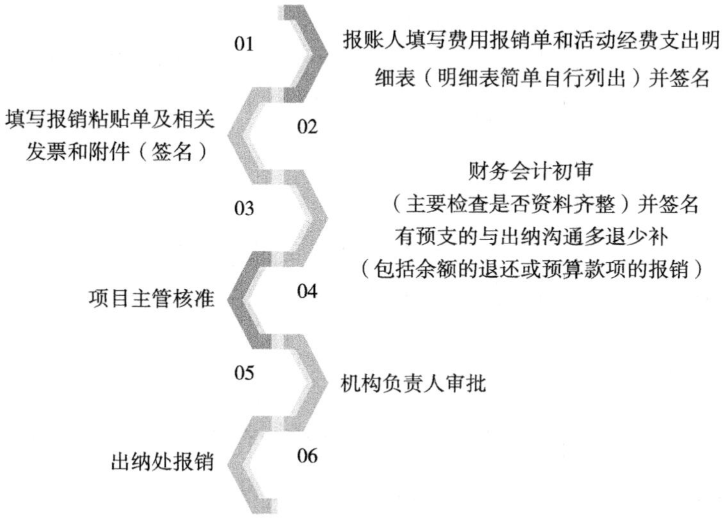

图 5-4 经费报账流程

（二）经费预支的申请流程

经费预支的申请流程如图 5-5 所示。

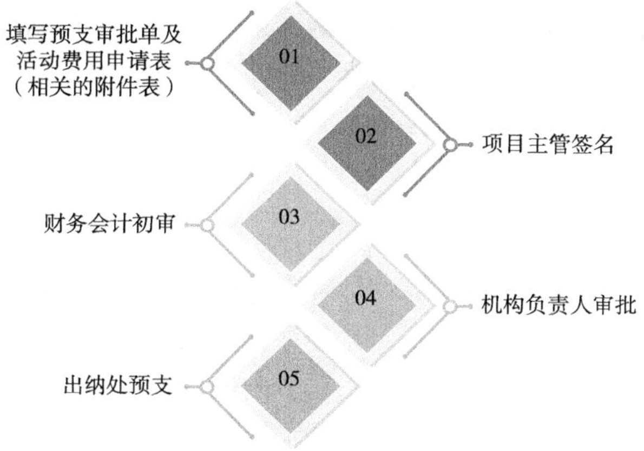

图 5-5 经费预支申请流程

五、财务管理的注意事项

社会工作项目点的财务管理，根据项目的大小由不同的人负责，有要求设专门财务岗的，就由项目点的财务人员负责。如果是小项目或者劳务派遣类的项目，通常财务工作由机构的财务人员负责。不管是专岗账务还是机构人员负责，随着社会工作项目的大规模发展，提高财务管理的规范性、提升项目经费的使用成效都显得越发重要。

（一）注重顶层设计

根据项目的要求，科学规划经费，做好项目经费的管理制度，严格按照项目预算方案列支，保证项目服务的各类资金不会被挪用，不会发生资金断裂。

（二）完善制度建设

在机构发展之初，各项财务相关制度都是有管理办法的。但是如果根据项目点的发展进行及时的调整，使得管理办法能够满足项目运营的需要，则需要工作人员做到对财务工作的积极贯彻和落实。例如，及时申请报销流程、专项经费收支制度、突发应急事件款项的使用规定、机构及各项目机构点财务管理的档案建设等。

（三）应急机制建立

建立备用资金，保证在政府拨付经费不能及时到位的情况下，能够正常为对象提供服务和及时足额地发放社工薪酬。同时，通过优质的服务，吸引社会资金的参与，增强公益金的使用效益。

（四）重视品牌打造

专业社会工作服务机构的产品即为专业服务，因此，对优秀服务项目的投入绝对不能吝啬。为推动项目深化发展，保证服务对象享受到所需的服务又能实现项目资金持续性投入，除了科学使用、管理政府提供的运营经费之外，机构还会整合其他资源或从机构管理经费拨付一定的金额予以支持，以保障服务的成效和可持续性。例如，投入费用组织服务评比，包括对优秀服务的总结提炼、对新服务点子的构思策划、对现有服务的改良创新等。

（五）公开财务信息

树立全体员工的财务意识，不定期组织员工学习相关制度和政策，有针对性地对一些科目进行讲解，规范机构各项目点的财务工作。坚守社会工作伦理道德，为服务对象提供优质的服务。推行标准化、程序化、信息化的财务管理模式，按社会组织的要求，做好财务信息的录入、处理和报送工作，对财务审计和自查中发现的问题及时进行整改，做好财务数据的统计分析工作，按要求开展信息披露工作。

子任务 3 项目场地管理

工作任务

了解项目中场地管理的内涵及注意事项。可以使项目点的功能室使用更加规范，方便开展服务，制定场地管理制度。

知识准备

一、功能室使用说明上墙

对于新的项目来说，服务对象对于场馆的功能室是不熟悉的。社工根据项目服务的需求划分了各类功能室，要在各功能室的入门醒目处悬挂功能室使用说明上墙牌。另外，消防安全是场馆安全的重要保障，要做好功能室消防通道指示，在各功能室入门墙边粘贴消防通道指示牌，遇到消防事故，可以指导安全疏散工作的有效进行。

二、功能室的开放

规范各功能室的开放时间，并公布在显眼的地方告知服务对象。常规功能室保持日常开门状态，其他场馆按需开放，功能室使用完毕须及时清场，以备其他活动使用。

三、场地清洁

（1）项目点的各功能室清洁工作由专人清洁，定期保洁，清洁人员需进行保洁情况登记并签名。其余时间发现场地有污物的，当值社工、行政人员、其他社工均有责任并进行处理。

（2）定期组织项目站点全员开展大扫除，以保证项目点整洁。

（3）项目点行政部门须每周定期对场地进行检查和跟进，并对项目的场地设施及时进行维护和维修。

四、功能室预约使用

定期找场地管理主管填写功能室预约表，主管进行汇总之后公示于场馆宣传栏和每个办公室公告栏。功能室预约格式可以为：服务名称 + 功能室名称 + 使用时间。如有变更，请及时告知场地主管。

五、功能室的使用原则上是在社工组织下进行的

务必做到专人负责跟进，使用期间注意保护好功能室的物品安全，使用后要把物品归回原位，检查门窗、电器是否是处于关闭状态，把服务开展期间遗留的垃圾清理干净，做好物品使用情况登记，填写功能室使用登记表。

六、功能室外借

通常来说，社会工作项目服务场馆是免费为服务对象或所在社区的非营利性活动提供场所、设备。服务场馆作为社会组织孵化基地，为培育社区自治组织，促进其发展和推广提供场地、技术支持等条件。

（一）借用单位 / 个人范围

申请人的身份及申请借用的用途需要进行明确的规定。如有特殊情况，再由项目点主管请示上级领导后决定。

（二）借用程序

明确借用的程序，履行好相关的手续，存档备查。

申请者须提前预约申请场地，提前的天数可以根据具体的情况而定，应填写场地申请表并提供相关身份证明及用途的佐证资料。

社会工作项目点的工作人员会在申请提交后 10 天内对其申请进行审批。申请者在提交申请 10 天后到项目站点领取申请准许批条（即有双方盖章和签

字的申请表），申请表一式两份，社会工作项目点和借用单位 / 个人各一份。如申请项目不符合场地性质，项目点将会在 5 个工作日内告知申请者并向其说明情况；如有特殊情况，要做好例外情况的处理工作。

（三）申请者权利与义务

为了更好地维护项目站点和申请者的权益，明确双方权利义务，特制定以下细则。

1. 申请者的权利

（1）申请者可以在遵守项目站点规章制度及协议的前提下按照活动计划书开展活动。

（2）申请者可以在申请借用时间内使用申请的场地和设备，如有问题可以向项目站点反映。

（3）申请者若对项目站点的服务态度等有意见或建议可以用书面、口头或电话等方式向项目站点反映或投诉，情况严重者可以采取合理的法律行动。

2. 申请者的义务

（1）申请者须遵守国家宪法和法律，遵守项目站点的规章制度和借用协议。

（2）申请者须在申请借用时间和场地内举行符合场地性质的活动，申请者自行负责布置场地，按时结束活动，借用时间结束后须及时离开并恢复场地原貌，保持环境卫生，申请者须在项目站点负责人验收合格后方可离场。

（3）申请者须自觉维护项目站点的场地和设施，如有损坏，须进行照价赔偿。

（4）申请者在项目站点活动期间须注意安全，如非因项目站点管理所引起的安全问题须由申请者自行负责。

3. 项目站点的权利

（1）对申请者违反项目站点规章制度和借用协议的行为，项目站点有权利提出批评建议或取消其借用申请，情况严重且不听劝告者，项目站点将永久取消其借用申请权利。

（2）项目站点有权利要求申请者照价赔偿其在使用过程中损坏的项目站点场地和设施设备。

（3）项目站点有权利对中伤或恶意破坏项目站点声誉的申请者采取相应法律行动。

（4）项目站点有权利对活动进行监管，对申请者进行超计划书外的活动、谋利活动、非法活动等可进行干预。

4. 项目站点的监督管理义务

（1）项目站点须向申请者在其申请时间内提供相应的场地和设施，借用之前确保场地及设备可正常使用。

（2）对申请者提出的意见或建议，项目站点须尽快作出回复和改进。

（3）项目站点须保障申请者在申请活动场地和时间内的安全，若因项目站点管理疏忽导致申请者受伤，项目站点须负相应的法律和赔偿责任。

（4）项目站点须对申请者的信息进行严格保密。

七、场地风险管理

场地风险管理是社会工作服务及其项目运营活动中的主要风险之一，值得全员重视。

（一）服务场地的风险

该类风险包括服务活动所处的社区环境、办公场地、服务场地、服务设施等方面带来的潜在安全问题和风险，如用电、摔伤、火灾、雷电等风险。

（二）做好风险的防控

要做好场地风险的防控，需从提升意识、明确管理责任、加强日常监督和制度建设几个方面进行管理。

1. 要提升社会工作者的风险意识

在实施项目运营管理活动中，坚持“安全第一”原则，把场地的安全管理工作细化，对于每一个服务场地，要在开始服务前，先认真做好安全评估和意外预警，做到服务实施前的场地安全保障先行，确保服务风险可控。

2. 要明确场地的安全管理责任

在实施项目运营过程中，每一个空间应明确相关负责人及其安全管理责任，确保对外开放场所的安全管理责任明确、目标明确、执行到位。

3. 要抓好场地安全管理的监督

项目负责人建立相应的安全管理监督机制，采取定期抽查、暗访、排查等方式，对相关项目服务点的场地防火、防盗、用电等安全管理情况进行监督，定期开展场地的消防疏散等活动，以有效管控服务风险。

4. 要完善相关的安全管理制度和指引

应在实际服务活动中，加强对社会工作服务在场地安全管理方面的知识和经验积累，完善项目点场地安全工作制度和指引，确保有效的场地安全管理经验和做法能上升为制度规范。

子任务 4 项目物资管理

工作任务

了解项目的物资管理的内涵及注意事项，知道怎样使项目站点物资管理合理化，既能满足工作开展的需要，又能有效使用项目点物资。

知识准备

一、物资管理

物资管理的重心是项目物资管理，也就是为规范项目物资管理工作，力求实现项目整体效益最大化。

二、物资采购

（一）物资购买批准权限（同财务管理制度）

物资购买的权限规定，不同金额的物资采购由不同的人审核批准。

（二）采购流程

1. 填写采购单 / 制订采购计划

项目社工填写活动计划书的经费预算表，可看成物资采购单；项目站点行政物资采购需制作物资采购单；重大物资由项目行政制订采购计划，编制预算，填写重大物资购买申请表。

2. 审核批准

经费预算表与活动计划书一并提交项目主管审核批准，服务站站长签字。如遇主管外出，由项目站点第一副主任代签字。重大物资采购需机构副总干事及以上领导的批准方可进行。

3. 物资采购

物资采购后，报相关领导审核及财务部备案。

三、物资入库保存、使用

项目站点因服务需要购买的物资，根据购买清单制作入库登记表，做好入库登记，自行根据活动需要使用，物资统一摆放在物资室指定位置，并注意保洁。

项目站点行政人员统一购买的物资，如办公日用品（如卫生纸、垃圾袋、清新剂等）、办公文具（如笔、橡皮擦、拉杆文件夹、透明胶、双面胶等）、项目站点小礼品（如妇女节礼品等），根据购买清单制作好入库登记，填写“入库登记表”，根据项目站点规定发放给个人或服务部门使用，物资统一摆放在物资室指定位置，并注意保洁。

项目站点移动设备（如移动硬盘、小蜜蜂、投影仪、碎纸机、移动音箱、相机等），由行政部门统一保存在贵重物资柜里，其他员工需使用时，填写贵重物资借用登记表。

四、物资损坏和遗失

项目站点物资，如因工作人员或服务对象故意损坏，则由工作人员或服务对象做相应赔偿。如属意外损坏或长期使用后折旧性损坏则填写物资报废表。

项目站点管制物品和重要物品如因工作人员疏忽导致损坏或遗失，视具体情况照价或折价赔偿。

五、物资领用/借用

（一）项目站点设备借用

项目站点可借用的设备包括手提电脑、相机、移动硬盘、激光笔、移动音箱等。

1. 项目站点工作人员借用和归还流程（如图 5–6 所示）

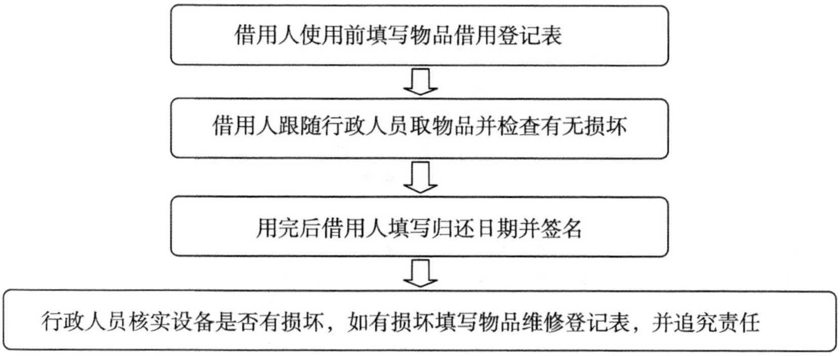

图 5-6　借用和归还流程

2. 物品外借

（1）居民 / 其他组织外借物品流程（如图 5–7 所示）：

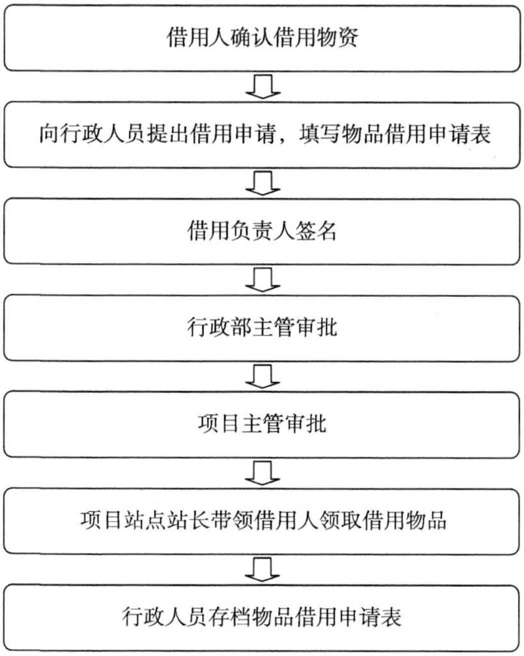

图 5-7　物品外借流程

（2）外借物品归还流程（如图 5–8 所示）：

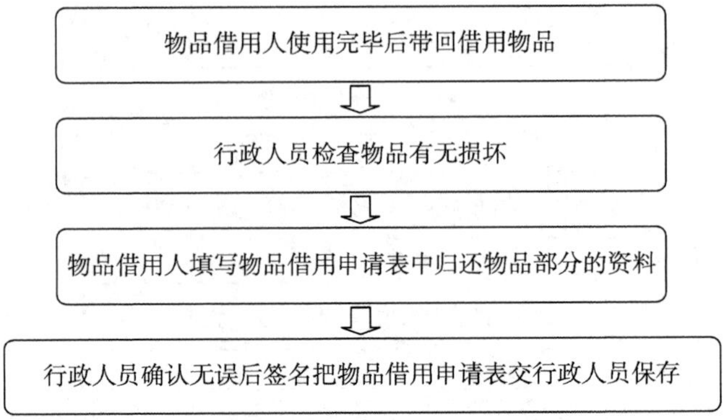

图 5-8　外借物品归还流程图

3. 损坏责任

在使用过程中，若物品有损坏，应当及时告知行政人员并填写物品维修登记表。如人为有意损坏，照维修价或原价赔偿。

如借用物品因公丢失，机构与个人共同承担损失。如因私丢失，个人独自承担。

（二）项目站点日用品、文具申领

项目站点日用品、文具统一由行政部管理，主要包括卫生纸、笔、文件袋、拉杆文件夹、回形针、订书机、剪刀、双面胶、透明胶、文档盒、彩纸、铅笔、橡皮擦、反尾夹、便条纸等。行政人员定期收集申领信息后统一采购，并统一发放。如图 5–9 所示。

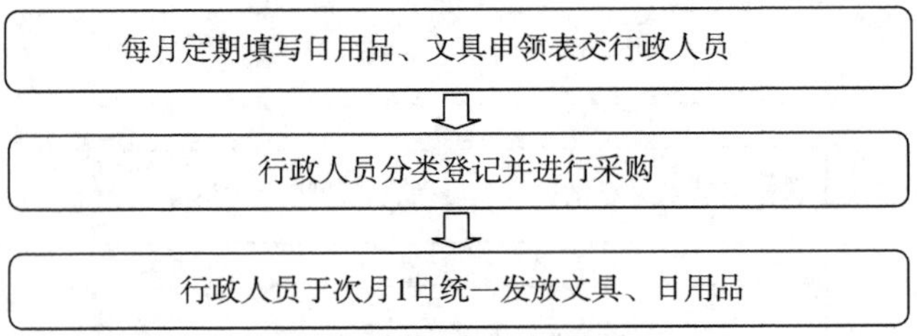

图 5-9　物品申领流程

备注：办公文具应遵循合理使用、减少浪费原则，行政人员会针对申请量较大的进行审核筛选并适当调整数量。行政部有权控制每名员工的办公物品领用总支出。

六、物资盘点和报废管理

库存物资盘点，由各部门（各服务领域和行政部门）每月进行一次盘点，对物资库存进行统计和管理，并填写月活动物资库存盘点表。

移动设备、自行车、电动车等重大物资属于项目站点固定资产，不能正常使用时，由行政人员或物资使用责任人填写物资报废表做报废处理，经审核后进行报废。

拓展练习

小李是某机构的总干事，年初参加某市社会工作服务站的投标，经过激烈的竞争，成功立项了。小李看着公示的中标通知，知道各项工作接踵而来，感到很混乱，一筹莫展。因为小李无法确定哪些是重点的工作，要注意什么事项。

请你结合项目实施的内容，谈谈在项目启动工作中，要开展的工作有哪几项，具体内容有哪些。

任务二 项目的控制与管理

情境导入

自从组建了项目运营团队之后，团队成员各司其职，项目主管开始忙着对外沟通的工作，有点分身乏术，行政主管提醒他，目前项目的财务出现超支，预算和实际支出总是有较大出入。督导者约谈主管反映社工对项目的指标和任务的管理能力不强，有些领域工作偏离原先实施计划，与目标不相符。总体来说，项目进度有点慢，但繁忙的项目主管没有时间去处理。这种情况下，应该怎么办呢？

任务要求

请从项目的控制与管理方面出发，分析项目管理内容包括哪些方面，思考有哪些项目进程管理的工具。

子任务 1 项目监测

工作任务

学习关于项目监测的要点，了解项目团队、项目过程、资源管理和项目质量的内涵，知道怎样做好项目的监测。

知识准备

项目监测指项目各级管理人员根据项目的规划和目标等，在项目实施的整个过程中对项目状态以及影响项目进展的因素进行及时、连续、系统的记录和报告。

一、项目监测内容

项目监测内容如图 5-10 所示。

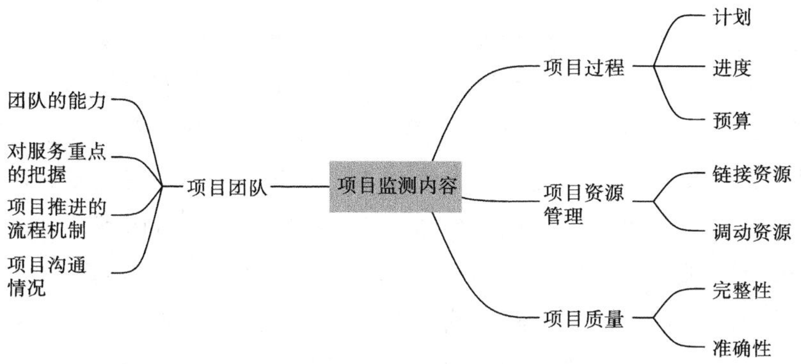

图 5-10　项目监测内容

（一）项目团队

项目监测中，团队能力包括项目团队的工作能力、对项目掌控情况、对流程机制的建设、对外沟通的状况和链接资源的情况，尤其需要关注在项目运行中遇到的突发事件及困难等。

1. 团队的能力

每一个社会工作项目都无法确保配备一个完美的团队，完美的工作团队也不存在。做好了项目设计，组建了运营团队，还需要重视项目运营的监测，监测可以帮助机构了解项目运营的实际情况，针对面临什么困难，机构或项目主管要根据实际的情况作出调整，以确保项目的顺利进行。

2. 项目团队对服务重点的把握

服务重点的把握关系到项目目标的实现，所以监测需要关注社工对服务重点把握的实现情况。例如，社区的家暴妇女救助项目，如果没有与妇联和其他妇女保护单位建立好的联系，没将社区中上访的妇女的名册拿到，就很难接触到妇女和开展服务。

3. 项目推进的流程机制

项目推进的流程机制是项目运营的重要保障，有了各项机制才能团结团队，加强团队的沟通协调，形成工作合力，快速解决项目服务存在的困难和问题，并按期完成各项服务任务，确保社会工作服务的质量。

在项目中，流程机制有很多，不同的项目有不同的流程机制。例如广州市社会工作服务站的机制就有六大部分：一是社会工作服务站管理制度，其中包括员工管理及权益保障制度、招聘和新入职员工管理制度、实习生管理制度、财务管理制度、办公室管理制度、场地和设施的安全管理制度、物资管理制度、档案管理制度、会议管理制度、内部沟通制度和宣传制度等。二是对外管理制度，其中包括意见箱管理办法、来访者管理制度、对外沟通制度等。三是督导管理制度，包括督导与培训制度和督导队伍管理制度等。四是安全管理制度和工作机制，其中包括安全管理制度、突发事件处理制度、消防安全管理制度、关于预防自然灾害的预案、关于预防及控制传染病的预案等。五是服务对象权益保障制度及工作指引，其中包括知情权、参与权、尊重权、隐私权、安全权、申诉权。六是专业规范管理相关制度及指引，其中包括个案、小组、社区服务等专业服务规范流程及指引、服务监督和质量内控制度、专业伦理价值规范实践管理机制和项目工作反思和整改提升工作机制。

4. 项目沟通情况

项目团队的良好沟通情况，可以确保项目站点各部门、各层次之间信息得到交流，营造一个开放透明、和谐有序、互相信任、重视与全体员工分享信息、团结奋进、凝聚共识的工作环境，培养善于沟通、渴求学习、全面发展的优秀团队，促进社会工作项目站点服务工作管理体系的有效性实现。另外，还需要关注项目的对外沟通情况，对外沟通到位，是能够与购买方和合作方保持良好关系的重要前提。

（二）项目过程

项目过程，即项目执行过程中是否按项目实施的计划、方案开展的时间、进度控制和拖延情况，以及项目各预算内容的运用情况、超支情况等。

1. 项目计划有效性

项目的实施要制订相应的计划，该计划的执行能够确保项目设计的顺利实行。实施计划主要针对所确定的目标制订服务计划，在社会工作服务项目中，每个目标下的分目标需要通过确定开展个案、小组还是社区活动来实现，每项服务的具体内容、介入手法、链接的资源、负责的社会工作者等内容都需要在计划书中呈现。

2. 服务进度合理性

在服务进度的合理安排方面，大家更关注的是指标完成的数量，以及如何花较少时间去保证服务的质量。从项目监测的目的来看，不仅需要监测服务数量、服务进度与计划相匹配以及服务的完成质量，还要按照项目计划的时间节点来开展服务。例如，有些项目点，会轻易改变进度，随意更改服务时间，这是不合理的，要进行情况分析和及时整改。

3. 服务预算合理性

根据上一个任务，我们所学的财务管理，关于项目中服务的预算是否合理，决定了最终项目是否能有经费完成整个项目目标。

（三）项目资源管理

即在项目中资源链接的能力及有效利用的情况。进行资源管理要关注三个要点：什么是资源，哪些资源可以为项目所用，还有哪些资源可以挖掘。

通常来说，社区资源主要包括四大类：人力资源、物质资源、组织资源和文化资源。认识了资源之后，链接资源是社会工作者的主要工作之一。在个案服务中，社工需要调动服务对象本身具有的资源，包括正式资源和非正式资源。同时，在社区服务中，让辖区的资源调动起来，与服务对象及社区进行有机结合，使人生活在社区中更有幸福感和获得感。

值得注意的是，社工要学会“资源变现”，从“资源视角”上推动服务。从能力的角度来看，社工的“资源视角”超越了链接资源的思维，要进行的是“调动资源”。调动资源远比链接资源对社工的要求高，因为调动资源需要社工更有敏锐度、说服能力、组织能力来推动资源调动的工作。

在调动资源的工作中，社工可考虑以下 4 个原则来进行资源调动工作：一是优先调动内部的资源，减少对外界资源的依赖；二是筛查内部的各种资源，认知资源的存在状态；三是理解调动资源是一个过程，持续进行努力；四是检视资源调动的效果，成效的关键在于关系的构建。在工作中，社工能够有意识地锻炼自己的“资源视角”，提升自己链接资源和调动资源的能力。

（四）项目质量

1. 服务成效的完整性

服务成效的完整性是指应提供的服务内容是否完整，例如青少年的拒学问题介入，如果只通过个人面谈、联动学校老师帮助青少年返校了，但未能介入家庭，动员家人一起参与，不能改善亲子关系，服务内容的完整程度就是不足的。

2. 服务对象和方法的准确性

在服务设计中，目标群体是谁，在项目实施中就要务必确保是该类群体。例如，家庭服务中，组织困境儿童融入社区，提升自信心的社区活动，对象是辖区内兜底家庭中的儿童。结果在招募中，困境儿童的人数不够，就邀约了一般群体过来参加活动。类似这样的情形，在社会工作服务中可能会经常遇见，怎么处理，才能确保服务任务完成，非常关键。

社会工作服务有个案、小组和社区三大方法。社工在实务过程中，什么时候使用哪一种或者多种结合的方法，体现了社会工作服务的专业性。例如，单亲妈妈的照顾压力，对于个体而言，深度解决服务对象的问题，可采取个案服务的方法，但社区中如果有这样一个群体，经过需求评估，发现有共性的焦虑问题，社工也可以小组辅导方法介入服务。

二、监测者

监测一般为内部工作，担任监测者的人员包括机构管理者、项目管理者等。分配监测任务时，建议每项任务设置两名监测人员。

一名为上级领导，主要跟进项目的重点事项，包含支出是否在预算内，进度是否按方案进行，定期向项目管理者了解相关信息。

一名为团队成员，负责对应项目方案，包含监测项目的实际实施情况，向团队成员了解各任务的完成情况，团队成员的表现及其所使用的手法等。

三、监测方法

定期收集监测所需的资料。在项目实施阶段，通过各种记录或者表，例如月报表、服务数据统计表、财务月报表等。了解项目的实施情况，发现潜在问题，提出解决方案，并加以修正。见表 5–5。

报告。项目团队定期对监测的信息进行整理、分析及书写，提交给相应负责人或部门作为项目进展汇报。

现场检查。通过现场检查，收集额外的信息，或者确认已收集到的信息。

督导和现场督导。定期对团队成员进行督导，了解其开展服务的情况及困难，适当地向其提供指导，以提升其完成工作所需的胜任能力。

会议。定期与团队成员以及相关人士召开会议，汇报进展，分享经验、困难，提出建议。

表5-5 监测表

	监测内容	监测者	监测对象	形式	时间
预算	人工薪酬	人事主管	项目成员	劳动合同、设备、考勤表	每月一次
	活动经费	财务主管	项目管理者	财务月报	每月一次
	设施设备	项目管理员	行政助理	资产使用登记及报销表	每半年一次
	管理费用	财务主管	项目管理者	财务月报	每月一次
进度	工作指标完成度	督导	项目管理者	督导、月工作统计表、会议	每月一次
		项目管理者	项目成员	督导、月工作统计表、会议	每月一次
表现	活动成效	项目管理者	项目成员	督导、月工作统计表、会议	活动现场、活动后1周
	过程与手法	项目管理者	项目成员	督导、月工作统计表、会议	活动现场、活动后1周

子任务2 项目的文书管理

工作任务

了解社会工作项目的文书书写原则、书写要点，掌握文书书写的能力，知道如何做好文书的管理工作。

知识准备

清楚的文书记录能够保障社工在开展服务时，围绕清楚的目标和进程进行，有助于社工更好地把握服务进程，及时修正、提升服务的专业性，也为督导的评估指导提供文书辅助资料，以进行系统化协助。

一、项目文书书写原则

SMART 原则。

S（Specific）：具体的范围，是回应问题的，表述为：通过阅读书籍（手段）充实个案辅导（具体方面）知识。

M（Measurable）：可测量的，表述为：阅读 1 本书籍的 20 页内容。

A（Attainable）：可达成的，表述为：阅读 1 本翻译为中文的外国书籍的 20 页内容（反例为阅读 5 本外语书籍）。

R（Relevant）：相关的，表述为：阅读 1 本个案辅导书籍的 20 页内容（反例为阅读 1 本漫画的 20 页内容）。

T（Time-bound）：有时限的，表述为：1 小时内阅读一本书籍的 20 页内容（或可在一场活动中达成的。反例为环节过多，活动时间结束时仍未能完成）。

二、项目文书书写要点

项目文书书写要点详见表 5-6。

表 5-6　方案元素及功能和书写要点

元素	功能和书写要点
项目基本信息	让读者能迅速地掌握项目的基本信息及规模：服务群体及人数、服务地点、服务期限、实施机构、联系人
项目简介	让读者能迅速地了解项目概要： 扼要介绍项目的“Why-How-What 组合” 方案页数超过 10 页，篇幅建议 1 页内 方案页数 3~9 页，篇幅建议两段内 页数少的方案，无须书写简介
实施方简介	说服读者认可你 / 你们是运营项目最合适的人 / 团队 / 机构： 你 / 你们 / 机构是谁，胜任这项工作的原因 提供相关资历、荣誉等，避免列出与项目无关的资料 说明项目架构、职责分工
项目回应的社会问题	说明项目的急迫性，说服读者给予支持： 以“Why-How-What 组合”的 why 说明 说明项目回应的问题及目标群体，可参考陈述问题“QQA 组合技巧” 分析问题，不介入的消极后果，以数据支撑为佳 有利于项目的资源、成功因素 相关方的看法及应对方法

续表

元素	功能和书写要点
问题的解决方案	说服读者认可你提出的方案能解决该社会问题： 以“Why-How-What 组合”的 How 和 What，说明解决方法，所持的理念 目的和目标 能实现目标的方案内容
项目成效	表明你重视成效，采用合理的测评方法： 具可操作性的监测与评估机制 具可操作性、能度量的评估指标及方法 列出项目的产出（活动服务量、参与者特征及人次等） 为目标群体带来的改变 对组织、社区和体制带来的影响
经费预算	说服读者你有合理及经过深思熟虑的预算 合理的预算，以简易图表展示为佳 筹资策略
风险与对策	展示你对项目整体性的把握及应对措施： 针对项目进度、预算、监测与评估列出可能遇到的风险及应对措施
其他信息	其他能使读者进一步了解项目的信息 项目宣传单、项目过往的总结 可获得的回报（针对赞助方）

三、档案管理

工作档案：包括工作记录、调查统计资料、劳动工资、人事档案、会议记录、合同、项目方案、通知等具有参考价值的文件资料。

存放要求：需使用专门的档案袋存放，存放在项目站点内部。档案室要做好日常防尘、防潮、防鼠、防虫蛀等工作。档案编排要科学有序，可以按照服务领域、服务类型划分，便于查找和整理。

档案归档：档案管理人员要按要求归档，对未归档的材料及时催收。对破损材料尽量修补，以保障所有档案材料完整、齐全。

存放时间：社工工作档案保留期限为 3 年，3 年后统一集中销毁。经批准销毁的档案，档案管理人员须认真核对与登记，将登记表永久保存。

子任务 3 项目的风险管理

工作任务

了解社会工作项目的风险管理的定义和类型、明晰风险管理的步骤，在项目管理中有风险管理的意识，熟悉项目监控常见问题及应对方法。

知识准备

一、风险的定义及类型

风险是指可能会出现的问题，这种问题会带来积极或者消极的后果。一般风险有以下几类（见表 5–7）：

表5-7　风险类型

风险类型	具体信息
政治	新政策出台、政策更改等
天气	季节性气候、极端天气等
进度	导致影响指标完成的潜在问题
成本	资金不到位、通货膨胀等
人员	人员流失、招募困难等
场地	空间不足、空间不开放、破损等
设备	设备损坏、原料被盗或缺乏等
资讯科技	落后的通信设备、陈旧的系统、低效的软件等
信息沟通	信息管理不当、内部或外部沟通不畅、信息流通不畅等

二、风险管理

（一）风险管理的相关概念

1. 定义

风险管理是指通过对风险的认识、衡量和分析，选择最有效的方式，主动地、有目的地、有计划地处理风险，以最小成本争取获得最大安全保证的管理方法。

2. 风险分析的参数

可能性：风险的发生概率；按发生的概率可以分为高、中、低 3 个级别。

影响力：风险对项目的影响，包括对预算、进度、表现的影响；按影响的大小可分为高、中、低 3 个级别。

（二）风险管理的具体步骤

1. 识别风险

以项目目标和所涉及的任务为依据，识别风险。我们习惯于从天气、人员、成本等方面的因素来识别整体风险，但未必能识别出更具体的风险。因此，我们需要以项目的目标和任务为基础，精确化地检视风险，即要完成项目的每项任务，会出现什么风险，要达到项目的每个目标，会出现什么风险。

2. 分析风险

首先，评估风险的“可能性 / 影响力”的高、中、低级别。其次，准备横轴为影响力，纵轴为可能性的矩阵图，按照风险的可能性和影响力级别，将风险填写在矩阵图所属方格中。最后，根据分布情况判断风险的处理程度。如图 5–11 所示。

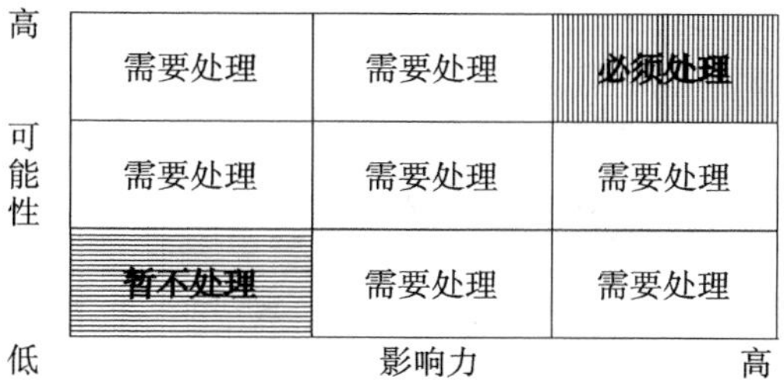

图 5-11 风险评级图

3. 制定应对策略

针对矩阵图中风险程度的分析结果，制定应对策略。针对不同等级的风险，风险处理的对策有以下 4 种（见表 5–8）：

表5-8　应对策略

对策	说明	使用范围
回避	修订或放弃执行方案，保护项目免受风险影响	高风险：可能性和影响力较大时
转移	通过买保险、签订承诺书等措施，将风险转移给第三方承担	低风险：可能性和影响力相对小时
减轻	提前采取预防措施，以降低风险发生的可能性和影响力	高风险：可能性和影响力较大时
接受	接受风险，制定应对措施，迎接风险随时发生	低风险：可能性和影响力相对小时

4. 处理与跟进

在制定完应对措施后，需要在项目的方案中，将措施所需要增加或减少的活动和资源，同步进行修订。如果应对措施与项目的任务有关，我们需要在内容明细表中对任务进行增删或者修改。如果因为任务改变而导致项目目标也需要改变，则我们需要重新拟定目标。

5. 定期风险评估

风险评估是一个贯穿于项目始终的持续性过程，随着项目进行到实施阶段，新的风险可能会出现，因此需要在项目实施过程中进行定期和不定期的风险评估。当出现新的风险时，需要及时启动风险管理机制，对新风险进行评估和制定应对措施，并由专人负责跟进。项目管理者需要通过日常交流、会议等方式，监督风险跟进情况，定期向团队成员了解风险管理情况，保证项目的顺利推进。

三、项目监控常见问题及应对方法

（一）管理制度标准化不足，应建立标准化监控制度

对项目制定的管理制度和流程缺乏反复的考量，例如是否合理，在运行的过程中是否能够符合本机构的实际，以致项目在真正进展的过程中遇到了一些问题，去处理时才萌发了对于建立规范的项目管理制度的想法，才开始探索机构自身项目管理的方式和模式。

在改进策略上，首先，必须明确项目评估的主体。对内，项目组进行项目自评从而总结经验并且向政府和社区汇报；对外，政府对该项目的实施负

有管理权和监督权，也可委托第三方对项目结果进行评估。其次，必须明确项目评估的基本内容。项目的评估从设计评估、目标评估、成果评估、经济效益评估等多个方面，综合运用观察法、问卷法、文献法和访谈法展开。最后，项目评估必须提交详细的评估报告，对提交材料和调查情况进行描述和分析，总结经验教训，从而客观、全面、科学地给出最终的结论。

（二）监控的本土化不足，应因地制宜

政府对项目的监控工作一般交给第三方组织开展，虽然有充分的资料辅助监控，但是监控方对项目的实际开展情况并不能充分了解。此外，社区居民代表也没有参加项目的监控，不利于从服务对象的层面得出服务质量的结果。

在应对策略上，建议监控方在项目过程中派人员驻点项目站点，对项目进程进行实地的评估和考察。同时开展焦点小组或利用其他方式，召集社区居民，对项目的优势和不足进行评估，积极收集和参考服务对象的意见和建议。此外，很多时候社工只关注如何满足第三方评估的要求，而忽略了自我评估的责任。因此社工在开展项目时，需要对自身的服务和行动有自己的要求，有自我评估，不断反思，将所学的服务管理知识、技巧和方法在社会工作项目实施过程中应用。

子任务 4 项目的进程管理

工作任务

学习项目的进程管理中常用的工具：甘特图、思维导图、日程管理，理解工具对于服务的作用。

知识准备

一、项目进程管理的意义

项目的实施过程是整个项目最长周期的阶段，也是决定项目成效的重要阶段，因此，项目进程管理非常重要。我们需要对这个过程加强管理和监控，对出现的问题进行及时的调整，确保项目按照计划进行，以达到项目的目标。

二、项目的进程管理中常用的工具

项目进程管理，需要我们掌握一些方法和工具，帮助项目在执行过程中更好地发挥监测的作用。

（一）甘特图

甘特图（Gantt chart）又称为横道图、条状图（Bar chart）。以提出者亨利 · L. 甘特先生的名字命名。

甘特图内在思想简单，即以图示的方式通过活动列表和时间刻度形象地表示出任何特定项目的活动顺序与持续时间。基本是一张线条图，横轴表示时间，纵轴表示活动（项目），线条表示在整个期间计划和实际的活动完成情况。它直观地表明任务计划在什么时候进行，及实际进展与计划要求的对比。管理者由此可便利地弄清一项任务（项目）哪件工作如期完成，哪件工作提前完成或延期完成并可评估工作进度。如图 5-12、图 5-13 所示。

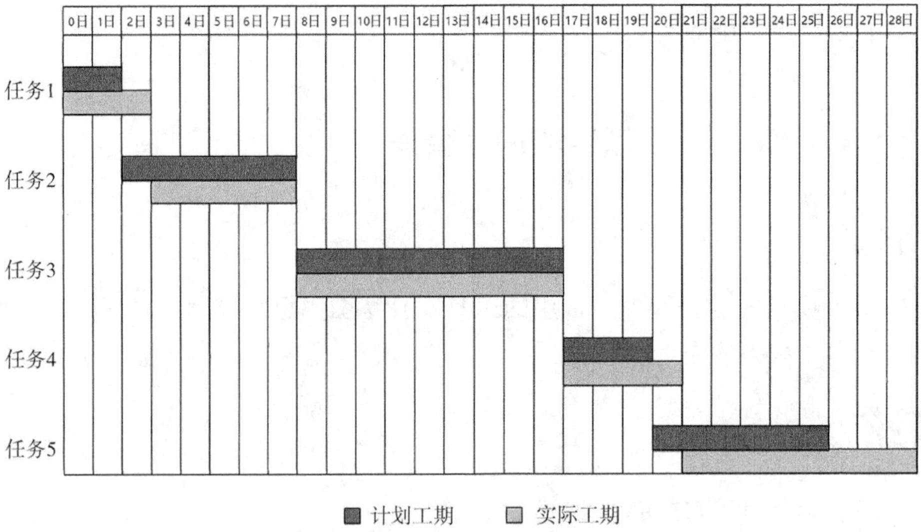

图 5-12　甘特图

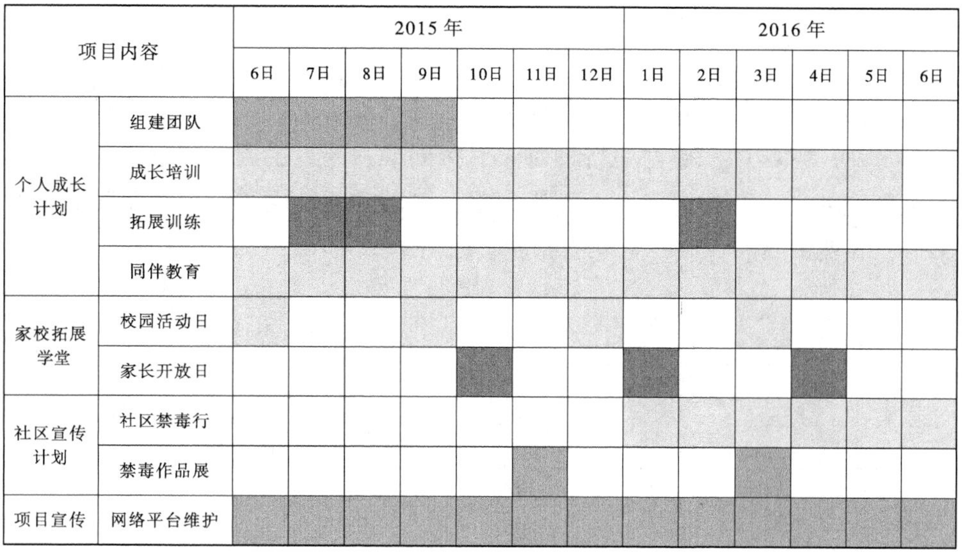

图 5-13 甘特图 2

（二）思维导图

思维导图对于项目管理也十分有用。和其他项目管理工具不同，思维导图没那么正式，也就更灵活。你可以用它把项目分解成小任务，管理待办事项清单或者分析问题。通过思维导图，你可以插入图片，链接文件，隐藏分支来聚焦于某个部分，这些是其他项目管理工具做不到的。如图 5-14 所示。

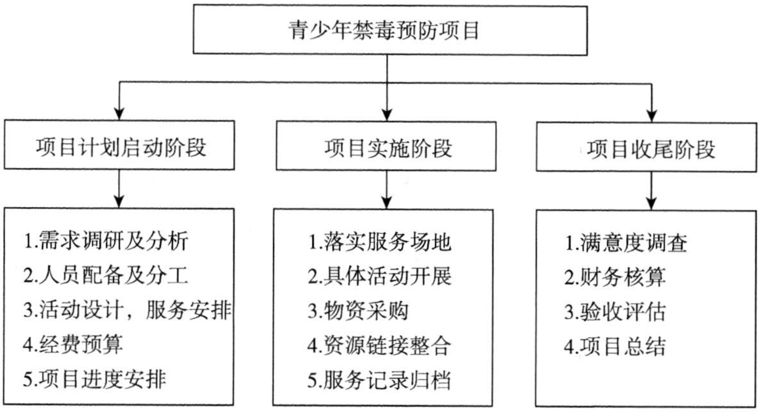

图 5-14 案例导图

（三）日程管理

日程管理是基于时间，易于理解的项目管理工具。这对于个人时间管理更加合适，能帮助你更好地管理每天、每周或每个月的时间行程。这种工具的出色之处在于，它有很多空间添加待办事项列表。它将提醒你每天要做的事情，确保事情能在截止日期前完成。如图 5-15 所示。

星期日	星期一	星期二	星期三	星期四	星期五	星期六
1 元旦节	2 初五	3 初六	4 初七	5 腊八节	6 初九	7 初十
8 十一	9 十二	10 十三	11 十四	12 十五	13 十六	14 十七
15 十八	16 十九	17 二十	18 廿一	19 廿二	20 小年	21 廿四
22 廿五	23 廿六	24 廿七	25 廿八	26 廿九	27 除夕	28 春节
29 初二	30 初三	31 初四				

图 5-15　日程管理

拓展练习

小李是某市社会工作服务站的项目主管，有一天，项目督导向小李反馈在项目督导的时候，发现推进工作很慢，小组服务的成效不明显，个案离指标还差很多，还有一些新入职社工的文书写作很不规范，没有体现出工作的专业性。听了这些反馈，想到项目点还有两个月就要评估了，小李焦头烂额，非常担心。

请结合项目监测的内容，谈谈小李应该怎样做好项目的监测工作，保证在评估前完成服务目标。

任务三 项目实施保障

情境导入

自项目进入实施阶段后，在进行内部服务质量监控和评估时，项目主管发现：工作指标未完成，成员没按要求进行文书记录，工作偏离原先方案，与目标不相符。评估结果不尽如人意，项目主管在想，怎么办好呢？怎么样才能给项目实施提供充分的保障呢？

任务要求

请思考项目实施保障包含哪些方面，理解项目督导、项目的三方沟通、资源整合和项目筹资对于项目实施保障的重要性，学会做好项目实施保障。

子任务 1 项目督导

工作任务

了解项目督导的功能和内容。

知识准备

一、督导的功能

（一）行政功能

要求督导者在被督导者的招募与选择、被督导者的引导与安置、工作计划与分配、工作监督、回顾与评估、工作授权与协调等方面担当指导责任。

（二）教育功能

要求督导者对被督导者完成任务时所需的知识与技能给予指导，协助被督导者更好地开展项目，并实现专业上的发展。

（三）支持功能

要求督导者向被督导者提供心理和情感上的支持，促使被督导者感到自我的重要性与价值感，让被督导者能轻松面对工作。

二、督导的内容

（一）行政性督导的内容

社工的招募和选择、安置与引导、工作计划与分配、工作授权与协调、工作监督、工作总结与评估。

（二）教育性督导的内容

督导者不仅要提供被督导者完成工作所需的知识，还要协助社会工作者由“知”转“做”，督导者通过个别督导或团体会谈，发挥知识能力学习与自我觉醒反馈的效能。

（1）教导有关“服务对象群”的特殊知识和“社会工作服务机构”的知识。
（2）教导有关“社会问题”的知识。
（3）教导有关“工作过程”的知识。
（4）教导有关“工作者本身”的知识。
（5）提供专业性“建议和咨询”。

（三）支持性督导的内容

社工最常面临的压力来源包括：一是来自服务对象的压力；二是来自工作的压力；三是来自服务机构的行政压力。因此社工督导者必须发挥其支持性功能，帮助被督导者增强自我功能，平衡和安抚工作情绪，缓解焦虑，增强其工作信念，提高工作效能，从而呈现出良好的工作态度。

（1）协助被督导者适应和处理服务工作中所带来的挫折、不满、失望、焦虑等各种情绪，增强被督导者的自我功能。

（2）给予关怀和支持，让被督导者在工作过程中有安全感，并愿意尝试新工作。

（3）协助被督导者发现工作成效，并能自我欣赏，激发被督导者的工作热情和士气，并对机构逐渐产生认同感和归属感。

（4）给予被督导者从事专业的满足感和价值感，促进其对专业的认同，进而愿意持续投身社会服务工作。

（四）督导对项目的支持

1. 促进服务项目的正常运行

社会工作通过项目开展服务，不管项目的大小，机构都需要建立科学的管理体系来保证不同部门和个人的工作能够充分地协调和整合。机构通过建立督导制度，赋予督导权力和责任，保障项目服务的顺利进行。

2. 提高服务质量

在社会工作服务中心，服务对象都应该得到专业的服务，而社会工作作为一门还在快速发展的专业，很多工作人员是在一线服务的“新手”。此外还有服务对象需求的多样化，个体与个体之间的不同，个体本身也会有变化等问题。因此，通过建立督导制度，在督导的专业指导下，可以保障服务质量的提高。

3. 促进服务人员成长

从被督导者的角度看，他们在进入实务行业之前，接受的是学校专业知识教育和短期的职前教育，这样并不能满足社会工作者在实务工作中的需要。社工通过定期、持续的督导，才能及时补充新的知识，才能结合服务经验来体会和实践专业知识和方法，在服务实践中不断成长。

4. 促进专业发展

社会工作专业是一个持续发展的专业，社会的问题和服务对象的问题也是不断变化的，社工必须要适应变化，在项目中提供有效服务。只有这样，该专业才能获得社会的肯定和认可，项目才有可能持续开展。督导在服务过程中，帮助社工坚定从业的信念，不断地提升专业服务能力，践行“助人自助”的理念，从而才能促进社会工作专业的发展。

子任务 2 项目的三方沟通

工作任务

了解项目的三方沟通包含的主体、沟通策略和沟通方式。

知识准备

一、识别项目三方

项目三方包括项目实施者、主要相关方和次要相关方。见表 5–9。

主要相关方：是指对项目起主要影响作用的群体，或者项目主要影响到的群体。这里的影响可能是正面、积极的影响，也可能是负面、消极的影响。项目主要相关方通常是项目的服务对象，是需要重点关注的群体。

次要相关方：对项目持有利益、感兴趣的群体，可以是机构高层管理者、出资方，也可以是对项目感兴趣、对项目有影响的组织团体，例如村委会、邻居、社区医院、志愿者团体、媒体等。

表5-9 项目相关方

相关方		利益关系	对项目的影响	处理次序
主要	长者	直接受益者	+/–/？（未知）	1
次要				

二、分析相关方

指根据其对项目产生的“重要性”和“影响力”的高低进行分析，以区别出哪些相关方需要特别关注。重要性即对项目进行处置的权利，影响力即其态度、意见以及行为等对项目所产生的影响。

相关方的重要性和影响力包括（但不限于）以下几个方面：

（1）拥有法权、授权，例如街道、政府。

（2）能控制资源的分布及使用，例如项目出资方。

（3）拥有某种项目需要的特殊知识，例如专家、学者。

（4）与其他相关方关系密切，具有一定的社会影响力，例如社会组织、媒体。

三、确定沟通策略

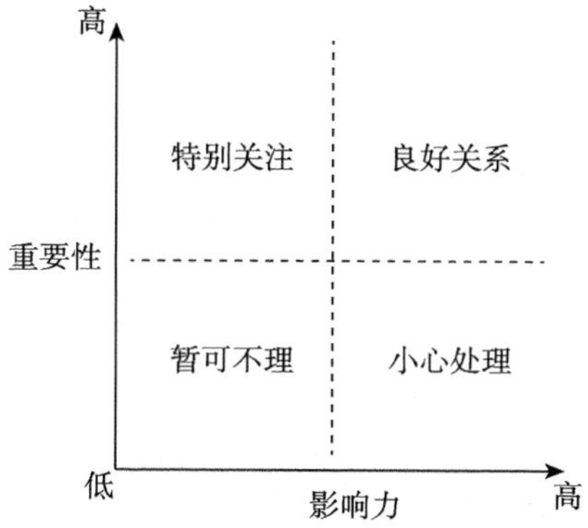

图 5-16　重要性和影响力评级

矩阵图的纵轴为相关方对项目重要性的高低，横轴为影响力的高低，通过分析，得出相应策略（如图 5–16 所示）：

（1）特别关注。重要性高但影响力低，通常是项目受益群体，需要对其“特别关注”，避免其声音被忽略，确保其利益受到保护。

（2）良好关系。重要性和影响力都高的群体，需要与之保持“良好关系”，确保其对项目有足够的支持。

（3）暂可不理。重要性和影响力都低，可“暂时不理”，必要时进行监测。

（4）小心处理。重要性低但影响力高，其关注点并不在于项目的目标，而是在于可能为项目带来潜在风险，需要“小心处理”，谨慎制定策略。

四、确定沟通方式

（1）重要性较低、影响力较高的相关方。例如决策者、级别较高的政府部门等，要对他们“小心处理”，因此“咨询”较为适用。

（2）重要性较高且影响力较高的相关方。例如社区管理人员、相关社会组织等，需要与其保持“良好关系”，为项目寻找更多支持，因此，“咨询”和浅层的“参与”（如共同参与、协作）较为适用。

（3）重要性高但影响力低的“特别关注”群体，如项目的服务对象，“咨询”和“参与”都会适用。一方面我们需要尽量对所有服务对象分享信息、听取其意见以及邀请其共同参与评估；另一方面我们可以邀请部分服务对象共同参与决策，协作提供服务，为他们赋权。

表5-10　沟通方式

类别	层次	说明
咨询	分享信息	定期告知项目动态，提供报告、简报，举办会议、研讨会，以告知项目
	听取意见	安排参观交流、面谈，咨询其看法，向其请教政策对项目的影响，以确保能回应其需要
	共同参与需求评估	共同参与需求评估，邀请接受访谈，或者邀请参与项目团队成员共同向服务对象收集信息
参与	共同参与决策	共同识别项目回应的问题及群体，共同参与项目设计及处理冲突
	协作	双方协作开展项目相关活动，与相关方成立某主题的工作小组
	赋权	为相关方提供能力提升及自我管理等志愿活动

子任务3　资源整合

工作任务

清楚项目所需要的资源类型，学会对资源进行有效整理。

知识准备

一、资源性质的类型划分

（一）内在资源

指服务对象及其家庭内的正向资源，如人的内在力量，是人生经验所概化而成的，包括信心、勇敢、坚韧、毅力及乐观等情绪，对自我肯定及自我成长有强化行为的效果。

（二）外在资源

指服务对象及其家庭之外的正向资源，包括政府及社会各界所存在可提供的各类资源，以及方案执行机构所能提供的服务资源，包括以下几种。

1. 正式资源

一般指由政府所支持，要依据政策的行政程序或指示行事，且要接受相关法律的要求及规范，服务对象通常无须支付任何费用。如各地的反家暴庇护中心、就业辅导中心等。

此类资源也可以包括民间团体、营利机构及独立职业之所提供的资源，而服务对象是否需要付费，则视机构经费来源决定是否收费。如社区活动中心、托儿服务等。

2. 非正式资源

不归属于正式资源均属于非正式资源，指以服务对象的需求和问题为前提，其范围限制少并且有弹性，能符合服务对象之所需，包括服务对象的亲朋好友、邻居、志愿者等。

二、资源内容的类型划分

（一）人力资源

1. 机构内人力

指机构以及项目站点内部的人力资源，包括机构和项目站点的工作人员。若机构平时已聘有法律顾问、业务咨询专家等专业人士时，也可以将其称为机构内人力。若机构已组成志愿者团队，则参与方案活动的志愿者们也视为机构内人力。

2. 机构外人力

指机构对外聘请的短期性人力，如咨询顾问、实务专家、学者等，此类人力资源在方案中都必须列出姓名、头衔、就职单位及职称等内容。若为执行某特定方案，该活动临时从外募集的志愿者，则应视为机构外人力。

（二）物质资源

1. 设备

指不可移动的硬件设备或设施，如空调、音响、电脑、灯光等。方案中必须标示这些设备的使用是免费、借用、购买或租借的。因为这些牵扯项目和活动的经费问题，与预算有关。因此需要一一详述和标明，并附带说明设备用途。

2. 器材、材料和工具

指因为项目和活动进行时，需要额外架设、移动、租借的器材、材料或工具等，例如在租借场地时，就先要求所需的麦克风、延长线、插座、白板、椅子、桌子、录音设备、投影设备、电脑、黑板及使用数量等。同时需要说明这些器材、材料和工具的用途和所需费用，并编入预算。

3. 消耗品

指项目活动执行中使用后即会丢弃的，或不会再重复使用的物品。例如纸巾、订书针、胶带、食物等。有的未用完的物品虽然会留下继续使用，但因为仅为当次活动所需而购买，所以仍然属于消耗品。

在归类所使用的资源属性时，有时会有实际划分的困难，例如便利贴、文件夹、胶带等，在功能上归属于器材、材料和工具类，但在用途上归属于消耗品。这些资源项目都涉及预算，也缺乏统一的认定标准，因此只要方案规划者将其说明清楚即可。

（三）财力资源

指执行项目和活动时所需要花费的预算总额度以及预算来源，包括机构年度预算、参与者付费、政府补助、民间捐助、基金会赞助等。在汇总不同的经费来源时，需要标明每一项资金来源的总额度。另外，可以充当有价券兑换物品的食物券、消费券、礼券也都归属于财力资源。

（四）参考资料

指为项目和活动所参考的文献资料、档案文件、文书资料等，包括学术文章、专业书籍、网络资料、文件档案、杂志、报纸、活动报告、政府公告等。资料在引用时需要注明出处，包括作者、年份、文件名称、页数、出版社等。此部分的排列在项目文件的最后，相当于学术著作的参考文献。

子任务 4 项目筹资

工作任务

清楚了项目所需要的资源后，下一步需要了解可以向哪些主体进行筹资，以及筹资的方式和步骤有哪些。

知识准备

一、筹资对象的类型

（一）个人赞助

个人赞助的行为背后一般包括两种意义：一是出于履行社会责任，在充裕的条件下人们会乐于做出帮助别人的行为；二是觉得赞助有意义，期盼赞助能够带来正面的影响。针对前者，向经济能力较充裕的群体进行筹资。针对后者，凸显项目可带来的意义，满足个人的助人满足感，具体可以在筹资时体现项目的收益人数，将带来的社会效益，以及筹资后发出个人感谢信等。

（二）企业赞助

企业赞助的目的一般是在赞助的同时，为企业创造利益。因此，当邀请企业进行赞助时，需要站在企业的角度，换位思考，“赞助能为企业带来什么好处”。借此我们就能想到一个对机构 / 项目和企业双赢的方法，例如通过赞助，帮助企业建立其公共关系，履行社会责任，提升知名度等。但有一点需要谨记的是，如果出现有违机构使命的赞助要求，应以机构使命为主，赞助其次。

（三）基金会资助

基金会一般分为：支持广泛活动的一般基金会、由富有家族设立的家庭基金会、由企业成立的企业基金会、针对社区事务而设的社区基金会。基金会在赞助时，首要考虑的是项目的质量以及机构有没有能力处理款项。因此，一份详细的项目方案、合理的预算以及胜任的机构／团队履历，都将会是筹资的关键。同时，与处理企业赞助一样，我们需要思考项目与基金会双赢的方法。例如，发挥基金的公益作用，提升其社会影响力等。

二、筹资途径

筹资前，需考虑采用哪种筹资途径，比较常见的筹资途径有以下几种：

（1）投标：是以中标为目标、向招标人递交投标文件的行为，目前大部分社会工作服务项目的经费都来源于政府及其职能部门的公开招标项目。

（2）商业赞助：由商业机构出资支持项目的赞助行为。

（3）项目创投：通过竞投形式，以获得赞助，主要由政府、基金会、慈善会等推动，如中国慈善公益项目大赛，也有些是由社会工作服务机构内部举办的，以鼓励服务创新。

（4）众筹：通过网络平台提案、以群众为筹资对象的筹资行为，目前规模较大的众筹平台有腾讯公益的乐捐、淘宝众筹、众筹网、轻松筹等。

（5）特别活动：通过举办活动，在活动过程中募捐。

（6）收费服务：是由服务提供者向服务对象收取相应费用的服务。

三、筹资宣言撰写

（一）项目简介

“Why-How-What”组合介绍项目的方式，是先带出项目回应的问题以及其迫切性（Why），然后提出能够解决问题的方法和信念（How），最后介绍项目的具体内容（What）。

（二）机构介绍

简单说明机构的使命与愿景，成立至今的发展历程，曾经和正在提供的服务、获得的成就和荣誉等。

（三）可带来的影响

说明方案的目的和目标以数据说明为佳，并以百分比说明将会带来的改变程度等，例如服务人数。

（四）筹资金额

最直接的方法是列出项目所需的金额，但对于一些希望看到项目所承载的“意义”的赞助者，我们可以把赞助金额化为具有意义的描述。例如“每天只需 3 元，就能保证贫困地区的孩子有一天的饭吃”。

（五）获得的回报

赞助者也许不会主动提出回报的要求，但如果我们能够为其给予一定精神上、物质上的回馈，可能会更好。试着站在赞助者角度，思考如何让赞助达到双赢。可以针对不同类型的筹资对象，选择不同的回报对策。

（六）支付方式

说明以何种平台 / 形式接受赞助，电子支付或者现金支付，一次性支付或者定期支付等。

四、筹资方式

（一）创投推销

1. 创投的定义

有些创投活动会邀请入围的项目参与路演，在评委面前推销项目，也有些会设有网络投票环节。参与项目创投前，需要对筹资对象的类型、筹资途径、筹资宣言的撰写等方面进行考虑，尤其是先认识评委的特征，以便于更聚焦地准备路演。

2. 创投的注意事项

（1）提前了解评委。例如其身份背景、如何看待项目、喜欢项目的哪些地方、期望从项目得到什么等。以一个能够打动并联系到评委的感人故事为开场，用他们能够听明白的语言来讲述。

（2）展示内容简明扼要、有特色。参考筹资信的书写步骤，以故事开始，PPT内容简明扼要。若想评委对路演留下深刻印象，最好是多采用"视觉化"展示。吸引注意力的最佳时段为开始的15秒，为项目打造易于辨识的名字、标志及口号，能够让人印象深刻。

（3）展示者。沟通时，视觉（外表、身体语言）比听觉（说话方式）和语言（内容）更容易引起对方的注意，因此，路演者从上台那一刻开始，就需要注意走路姿势、穿着、气质、样貌、眼神接触、音量和语速等。

（二）众筹推销

众筹提供了一个门槛相对较低的筹资机会，在一定的条件下个人或者机构均可发起众筹项目。众筹的特点有：低门槛、多样性、依靠大众力量、注重创意的特征。

1. 文案书写

当确定采用众筹为筹资途径后，首先是选择众筹平台，并准备众筹文案。众筹一般通过网络进行，主要以手机阅读，因此，众筹文案以图文并茂、言简意赅为佳，提升阅读欲望。文案的要求主要包含下列元素（见表5-11）：

表5-11　众筹文案书写元素及要点

元素	书写要点
项目标题	是项目在众筹平台传播的符号代表，需要醒目直接，凸显项目核心，建议9个字以内。常见的方式有"开门见山"和"引起共鸣"两种，例如《重塑唇腭裂儿童笑颜》《为您书写，助力出书行动》等
项目主图	能引发对项目联想的图片，如特写镜头，需要隐私处理
项目简介	项目的简介、时间、地点、筹资目的等，建议60字内
发起缘由	项目发起人与受益人的关系，建议60字内

续表

元素	书写要点
项目详情	文案的主体，参考“Why-How-What 组合”，介绍受益者面临的问题，为什么需要帮忙，对其问题的解决方案，以故事引出项目为佳，建议 500 字内
项目预算	详细和精确的预算，专款专用，图表为佳
机构 / 个人简介	机构和个人胜任运营项目的原因，建议 100 字内

2. 传播方式

当众筹文案成功上传后，接下来的工作是把项目传播出去。众筹平台项目众多，为了吸引眼球，项目上线后，我们需要积极发动不同资源，进行线上线下传播，这个过程也称为“劝捐”。

“劝捐”方式众多，例如与潜在赞助者面谈、举办募捐活动、运用社交媒体等。为了促进成功，建议到熟悉的平台，或者走进可能对项目感兴趣的群体，有针对性地进行传播。

此外，还可动员团队成员、机构员工以及志愿者，把项目传播到他们的圈子里。行动前，需要让他们先熟悉项目方案的内容，以保证传播的质量。

3. 发布时机

推送时间会影响到文章的阅读量。推送时，有两点需要注意：

（1）阅读高峰期：阅读高峰期一般出现在睡前、节假日、上下班 / 上下学的路上 / 出差途中，避免在工作时间内发布。

（2）社会热点及时发送：若能够抓住大众关注的社会热点或新闻事件期间推送相关信息，效果将事半功倍。

4. 效果优化

如果运用网络社交媒体如朋友圈、公众号来传播项目，如何在有限的字数和时间内，成功传播项目，引起最大的关注，有以下技巧可参考。

（1）在方案撰写方面：①内容简明扼要；②不只谈钱，还可介绍项目理念、实施团队的故事等多元化内容；③可视化且具可操作性的项目方案，以增加对项目的信心；④添加链接、二维码，方便点击阅读。

（2）在传播方面：①不频繁传播，避免制造厌烦；②可善用机构创始人的魅力，提升对实施团队的信心；③多互动，被转发或者被点赞须及时回复

“谢谢”，避免对方认为不被领情；④借助朋友力量，推送会更有说服力；⑤鼓励“晒”捐款。

五、筹资案例

让足不出户的长者，再次走出家门，拥抱生命

（一）项目简介

在社区发展过程中，我们忽视了一群被迫“宅”在家里的老人。不是他们想待在家里，而是没人告诉他们要怎样去适应社区的变迁，导致社区越发展，他们越封闭，越不被接受。我们希望通过与志愿者合作开展“在家学习新科技”“出门看发展”的活动，让老人能够构建与家以外的联结。

（二）目标筹资：¥10250

（三）连接服务提供者、赞助者和受益者的故事

60岁的李阿姨身体还算健朗，外向热情的她每天早上都会赶早市买菜，她如往常一样为邻居80岁的张奶奶带了一份菜。两人如往常般聊聊家常，张奶奶说到自己好久没有出门了，都不知道村里的道路变了几条，村口的大树长了多少。李阿姨也感叹，村子变了，年轻人都自己住了，麻友也搬走了很多……李阿姨转念一想难道自己老了也只能坐在家门口发呆吗？

不！李阿姨开始寻求居委会、社工的帮助，希望大家关注社区中像张奶奶一样的阿婆阿公，一起筹措资金购买轮椅，一起招募志愿者带着我们的阿婆阿公走出家门，看看外面的世界……

其实，李阿姨、张奶奶并不是特例，在××社区，像他们这样的老年人还有很多……

（四）项目回应的问题

随着城市化发展，沙井急速改变，盖高楼，扩马路，熟悉的社区面貌消失了，社区也多了外来居住人员。我们了解到相对于年青一代普遍欢迎这些变迁，在沙井社区150名长者中约有30名高龄、独居、空巢、与子女关系薄弱或行动不便的长者，他们有的长留家中、很少出门，有的老邻居相继而去，社交空间变得越来越窄。无人告诉长者，也觉得无须告诉他们社区的变迁，所获得的信息极少，更加无法适应社区变迁。由此，本项目从两方面入手：

第一方面是走出家门，通过组建志愿者队伍，带领长者漫步社区，进而体验社区变迁，更好地拥抱生活；第二方面是针对行动不便的长者，我们通过组建志愿者上门结对教授社交工具，让长者获得与外界沟通的新技能，从而构建长者与家以外的联系。

（五）项目详情

项目名称：长者看世界·本地长者社区变迁适应计划

服务时期：2016 年 7 月至 2017 年 6 月

服务地区：× × 社区

服务群体：60 岁及以上本地高龄、独居、空巢、行动不便或缺乏家人关爱的长者

服务人数：30 名

我们的项目分为三个部分，第一部分是筹备阶段，进行社区动员，识别参与者；第二部分是走出家门，通过组建志愿者队伍，带领长者漫步社区，进而体验社区变迁，更好地拥抱生活；第三部分是针对行动不便的长者，通过组建志愿者上门结对教授社交工具，让长者获得与外界沟通的新技能，从而构建长者与家以外的联系。

（六）活动明细表

表 5-12 活动明细表

	任务	工作包	具体内容	对象	人数
筹备工作	社区动员	制作宣传单页	制作项目宣传海报、宣传单	—	—
		社区宣传活动	社区宣传 4 次	社区居民	100 名
		动员会议	2 场动员会议	社区长者	100 名
	识别参与者	探访	入户 30 次、电访 20 次	目标长者	50 名
走出家门	志愿者筹建	招募	宣传、招募志愿者 15 人	志愿者	15 名
		培训	培训（出门安全、手册、解说）	社工、志愿者	15 名
	漫步社区	绘制社区地图	社区地图 1 份	—	—
		配对志愿者、培训	服务对象、志愿者结对 30 对	服务对象、志愿者	45 名
		拉赞助	拐杖 30 支，轮椅 20 辆	爱心企业	5 家

续表

	任务	工作包	具体内容	对象	人数
走出家门	逛商场	备选商场踩点	踩点商场名册及基本情况收集（选址、路线、交通工具、餐饮等）	—	—
		拉赞助	纸尿片 50 包	爱心企业	1~2 家
		配对志愿者	结对逛商场	服务对象、志愿者	45 名
	KTV	备选 KTV	踩点——备选 KTV 名单及基本情况（选址、路线、交通工具、餐饮等）	—	—
		拉赞助	KTV 商家 3 家	爱心企业	1~2 家
志愿者培育	志愿者筹建	招募	宣传、招募志愿者 5 人	志愿者讲师	5 名
		培训	培训（志愿服务理念、志愿者管理、志愿者岗前培训等）		
	课程开发	一套微信教学课程	课程开发，形成一套微信教学教程（含流程、内容、形式、工具、作业）	—	—
		测试及完善	课程试讲 1 次、课程修订 1 次		
	授课	结对上门教学	上门一对一教学	服务对象、志愿者	45 名
		团体授课	课程 2 次	志愿者、服务对象	20 名

（七）预期效果

项目结束后，参与的目标长者能够走出家门，增强了社区适应能力，主动了解和面对不断变迁的社区环境，不再孤独、不再焦虑！具体效果将会是：

（1）70% 的目标长者能够走出家门，体验社区变迁；

（2）70% 的目标长者学会使用一种新科技，运用网络在家与他人沟通，了解到社区变迁。

（八）项目预算

本项目总预算经费为 25850 元，众筹需 10250 元。见表 5-13。

表5-13 项目预算表

<table>
<tr><th colspan="2">支出项</th><th>费用说明</th><th>单价</th><th>数量</th><th>总金额</th><th>众筹金额</th></tr>
<tr><td colspan="2" rowspan="5">前期筹备</td><td>宣传单页</td><td>0.25元/张</td><td>1000张</td><td>250元</td><td rowspan="5">3050元</td></tr>
<tr><td>海报</td><td>20元/份</td><td>20份</td><td>400元</td></tr>
<tr><td>微信公众号</td><td>400元/年</td><td>1年</td><td>400元</td></tr>
<tr><td>社区宣传</td><td>400元/场</td><td>4场</td><td>1600元</td></tr>
<tr><td>动员会</td><td>200元/场</td><td>2场</td><td>400元</td></tr>
<tr><td rowspan="7">服务支出</td><td rowspan="2">目标一：协助长者学习新科技，以适应社区变迁</td><td>课程开发</td><td>500元/套</td><td>1套</td><td>500元</td><td rowspan="2">1700元</td></tr>
<tr><td>志愿者培训</td><td>200元/场</td><td>6场</td><td>1200元</td></tr>
<tr><td rowspan="5">目标二：协助长者能够走出家门，体验社区变迁</td><td>志愿者培训</td><td>200元/场</td><td>6场</td><td>1200元</td><td rowspan="3">3000元</td></tr>
<tr><td>拐杖</td><td>80元/支</td><td>30支（众筹10支，自筹20支）</td><td>2400元（众筹800元）</td></tr>
<tr><td>轮椅</td><td>500元/辆</td><td>10辆（众筹2辆，自筹8辆）</td><td>5000元（众筹1000元）</td></tr>
<tr><td>纸尿片</td><td>100元/包</td><td>50包（自筹）</td><td>5000元</td><td>0元</td></tr>
<tr><td>KTV活动</td><td>500元/场</td><td>10场（自筹）</td><td>5000元</td><td>0元</td></tr>
<tr><td>人员支出</td><td>志愿者补贴</td><td>通信、交通、餐费</td><td>25元/人次</td><td>100人次</td><td>2500元</td><td>2500元</td></tr>
<tr><td colspan="5">总计</td><td>25850元</td><td>10250元</td></tr>
</table>

（九）经费说明

资金使用：我们承诺专款专用，会将众筹的所有资金和使用明细进行季度公示，通过××社区服务中心宣传栏、××社区网站进行线上及线下公示，同时我们将通过邮件反馈给捐赠者资金的使用情况。

捐赠回馈：我们非常感激您的支持及捐赠，我们将“捐赠接受函”及感谢信作为凭证及回馈。如果您同意，我们将会在年刊及网站进行鸣谢。

捐赠发票开具：捐赠额100元以上的，如您需要发票凭证，我们将提供。具体操作方式可联系××××××××，联系人×社工。

拓展练习

项目主管小王发现社区有 5 名高龄独居空巢老人，他们的午餐通过某市的长者大配餐解决，但是晚餐不能自理。他想找企业认捐这 5 名老人 3 个月的晚餐费。

请你结合项目保障的内容，设计一份筹资倡议书，并谈谈与企业面谈要做哪些准备?

6

项目六 项目评估

【项目导学】

当前，社会工作服务形态日趋多元化，国家在培育社会工作服务方面投入大量资源，其中就包括引入项目化思维，开展各类针对不同群体、问题的专项社会工作服务。而项目评估就是对项目服务质量的检验，是社会工作项目实施过程的重要组成部分。社会工作者、社会工作服务机构及政府相关部门需要通过项目评估衡量项目是否达到预期的目标，是否有利于项目所关注问题的解决，是否产生良好的社会影响及示范效应。通过项目评估总结项目过程的服务经验并反思其中的不足，进而不断提升项目服务的水平。

在项目评估的实施中，包括哪些评估类型？评估中使用的资料收集方法有哪些？评估的框架是如何设定的？评估的一般过程是如何开展的？评估的结果如何应用？本节项目内容将从项目评估的设计及开展等角度阐述这一“质量把关”的过程。

【项目学习目标】

知识目标

❶ 了解项目评估的类型、主体及框架。

❷ 掌握项目评估的方法。

❸ 了解项目评估的一般性指标。

❹ 掌握项目评估的一般过程及结果应用。

技能目标

❶ 能根据项目的要求设计相应的评估方案。

❷ 具备项目评估的策划及实施能力。

❸ 能够合理总结及应用评估结果并进行反思改进。

职业素养目标

❶ 有较强的逻辑指标设计能力，较高的写作水平以及严谨、务实的工作作风。

❷ 建立细心、专业的服务意识，中肯客观的参与意识以及高度的责任感和交代意识。

❸ 了解项目评估的重要性，具备科学严谨、客观认真的职业价值观和社会责任感。

任务一 项目评估的类型

情境导入

你是某城镇流动人口社区社会工作服务中心的社工，据统计，今年暑假期间，将有约200名流动儿童从老家来到该社区与务工父母团聚，他们长期和父母分离，不熟悉该社区的生活环境。而该社区务工人员的职业多为个体经营户，从事早餐、水果等摊档经营，早出晚归。暑假期间，社会工作服务中心计划成立一项针对该流动儿童群体的暑期项目服务，在该服务中心为流动儿童提供兴趣班、交友小组、游戏活动、周边社区游览等服务。社会工作服务中心主任希望通过评估项目服务的开展，客观评价此类项目的成效，以指导未来工作的开展。现将该项目评估的工作分配给你。

任务要求

请从项目评估的类型出发，谈谈在项目开展期间和项目结束后分别应做好哪些评估工作。

子任务1 过程评估

工作任务

项目服务开展过程的质量既影响着项目能否按预定目标顺利实施，也影响着服务对象对项目的满意度和参与度。过程评估作为项目服务开展期间的评估，它贯穿项目的整个过程，是项目成效数据的来源之一。社会工作者应充分了解过程评估的内涵和作用，掌握过程评估的对象及内容。

知识准备

一、过程评估的内涵

过程评估是在服务过程中进行的、针对服务过程中若干细项的评估。社会工作项目服务是前后相接的一系列干预活动，要保障这种干预服务向着既定方向发展并且达到目标，就必须了解这一过程中各个重要环节的实际状况，看实际状况与方案设计的吻合程度，并根据需求制订或调整具体的行动方案，这就是过程评估。

二、过程评估的作用

项目的过程评估主要针对项目的执行过程和项目运作的机制进行总结和分析。不论是对项目执行过程中的监控，还是对阶段性执行过程的评估，其对于项目质量、项目目标的实现、提高项目执行的准确率都有着不可或缺的作用。此外，过程评估还有助于社会工作者了解项目影响的实现机制，加深对项目规律的认识，进而促进后续项目进展的实施。

三、过程评估的对象及内容

从项目执行过程的角度来看，过程评估的一般内容包括执行性评估和监控性评估。

执行性评估是指对项目实施情况的评估，评价项目的运行状况与其方案预期的内容是否一致的分析和判断；而监控性评估是指在项目实施过程中，借助持续的、反复的测量分析和判断，确保项目方案得到落实，进而有效地提升项目执行效果的管理和研究方法。

综合上述两种概念，过程评估的内容一般包括：社会工作者在项目实施过程中做了什么？项目覆盖的对象是什么人？为了实现项目目标所采取的措施和保证措施的描述，并将这些内容与项目方案预期的要求 / 指标进行比较分析。

因此，从上述过程评估的内容可知，过程评估的对象就是项目执行的整体过程状况，包括项目对象、项目目标、项目活动以及项目实际运行与预期的差异情况、按计划实施的现实状况。

子任务2 结果评估

工作任务

任何一项社会服务都要进行结果评估，这不但是社会工作者与服务对象共同确认服务成效、总结反思自己工作的基本要求，也是社会工作服务机构向政府、社会、支持者进行交代的要求，它能帮助社会工作项目总结服务过程的效果和效率，反思未来服务的调整和开展方向。社会工作者应充分认识结果评估的内涵和作用，掌握结果评估的一般内容。

知识准备

一、结果评估的内涵

结果评估是服务项目结束之后对服务结果的评估，可以分为效果（效益）评估和效率评估等。效果（效益）评估是对服务所达到效果的评估，考察在帮助服务对象改变方面产生的作用。效率评估是对社会工作投入与效果之间的关系的评估，旨在了解和确定服务资源的使用效率。

二、结果评估的作用

对于作为项目管理者的社会工作者来说，结果评估不仅有助于其全面综合地了解项目实施的数据、取得的成果以及服务对象、资助人等对项目的综合评价，还有助于社会工作者总结其项目执行和项目管理的经验教训，提高其后续项目服务和管理水平。

三、结果评估的一般内容

结果评估是以测量和判断社会工作干预结果为主要目的和内容的一种评估模式。因此，结果评估的内容就是评鉴社会工作干预的成效。一般包括两个方面：一是对结果进行实证性的测量，以描述结果的现状，即检验项目是否实现了预期的影响目标，或者带来了哪些预期之外的结果；二是依据服务或项目目标及有关标准（如预设的结果指标）对结果处于何种状态加以规范性判断，即判断目标实现的程度以及项目的效率，评估项目是否属于同样投入状况下的最佳选择。

任务实施

课堂讨论设计：请根据导入案例中项目实施的要求，设计在项目开展期间和项目结束后分别应做好哪些类型的评估工作？

讨论目的：加深学生对项目评估类型的认识；了解不同类型评估的作用；提升小组的团队策划能力，学会根据项目的内容、对象、实施阶段等设计不同类型的项目评估方案。

讨论形式：以“情境导入”的案例及问题为中心，结合“知识准备”的内容，以小组为单位参与，对项目可采用的评估类型进行讨论发言。

讨论时间：30 分钟。

实施步骤：

步骤一：评估设计。

项目进程	评估类型	评估目标	预期作用

步骤二：根据案例及表格就讨论内容进行分类填写。

步骤三：根据讨论结果，各小组派代表进行总结发言。

任务点评

组别	评价内容（分值）				
	进程明确（25分）	类型得当（25分）	目标明确（25分）	预期作用合理（25分）	总分（100分）
第 1 组					
第 2 组					
第 3 组					
第 4 组					
第 5 组					
第 6 组					
总评价备注					

拓展练习

某城市街道的 A 社区妇联在过去半年持续实施了一项名为“关爱社区儿童课外照顾质量”的社区项目，并在该社区的居民服务中心专门开辟了一间用于开展该项目的服务场室。你是该项目的主要实施人员，主要开展了 430 学堂、课后兴趣活动等针对社区儿童群体的常规活动。同时，借助儿童节、母亲节、父亲节等节庆日开展了一系列专题性家庭活动。现该社区妇联计划进行半年总结工作，要求你负责评估该项目实施以来的状况。

请结合项目评估类型的内容，谈谈在项目评估工作中，可采取哪些类型的评估对工作进行实时有效的总结？

任务二 项目评估的方法

情境导入

你是某评估机构的工作人员，F 市 Y 镇民政部门委托你所在机构针对该镇一项社区营造项目进行第三方独立评估。该项目自去年开始由当地民政部门以项目购买的方式进行招投标，最终由 X 社会工作服务机构中标并开始运营该项目服务，至今已有一年服务运营的时间，Y 镇民政部门希望借由本次第三方独立评估，了解项目的实际运营状况、效果及各方评价。

任务要求

请从项目评估的方法出发，谈谈在实施独立评估的过程中，可以采取哪些方法收集有关项目过程及评价的资料？

子任务 1 资料分析法

工作任务

评估方法是评估中非常重要的组成部分，没有科学的、符合实际情况的评估方法，就不能有科学的成效评估结果。在项目评估中，往往会使用多种具体的收集和分析资料的方法，其中一种就是资料分析法。因受时间、经费、精力等因素的影响，目前在针对项目的独立评估中，很难实行贯穿整个服务过程的参与式评估，大部分情况下是由第三方在某一特定时期开展集中评估。这样，评估过程中对文字资料的收集和分析就十分重要了。作为评估执行者，应充分掌握资料分析法的内涵和应用。

知识准备

一、资料分析法的概念

资料分析法是指为了获得某项成果或进行下一步调查研究，利用现有资料，分析利用以扩展研究深度广度的研究方法。资料分析法应用在项目评估中，主要是指评估主体通过查阅各类文字资料了解服务的规范性、专业性，这是评估项目进程和成效的主要方法之一。

二、资料分析的内容

资料分析法主要针对项目文字资料进行分析，文字资料的内容既包含了项目承接组织的信息及相关制度、项目的需求调研资料、服务计划书及各服务档案、服务的各类总结报告、服务满意度调查等资料，同时也包含了资金使用情况，尤其是收支账目等财务资料。

子任务 2 观察法

工作任务

第二种收集和观察资料的方法就是观察法。在项目评估的过程中，通过对项目执行过程的观察、服务人员和服务对象的互动情况观察、服务地的环境观察等，能帮助评估人员从侧面获得项目评估的观测数据和结论，协助项目评估在更全面的评述中评价项目的执行和成效。因此，作为评估执行者，应充分掌握观察法的内涵和应用。

知识准备

一、观察法的概念

观察法是指研究者根据一定的研究目的、研究提纲或观察表，用自己的感官和辅助工具去直接观察被研究的对象，从而获得资料的一种方法。观察法运用在项目评估中，是指评估主体根据一定的评估指标、评估目标，通过对现场环境、服务关系、服务开展过程的观察，获得评估数据和资料的方法。它在一定程度上补充了服务现场的情况，帮助评估主体更全面、充分地认识和评价项目的开展过程及效果。

二、观察的内容

项目评估中的观察主要包括以下几方面的内容：一是观察服务环境和项目内容、项目要求的匹配情况，如是否按照项目建设的要求设置相应的服务场室或设备；二是观察项目服务的开展过程，观察服务人员开展服务的情况以及服务对象的参与情况；三是观察服务人员和服务对象的互动情况，以辅助判断项目服务开展的效果和影响。

子任务3　问卷法

工作任务

第三种收集和观察资料的方法是问卷法。问卷法的特点是针对不同评估对象（例如项目购买方、利益相关方、项目社工、服务对象及社会大众等）能够比较快速、准确地收集资料。作为项目评估资料收集的主要手段，评估执行者应充分掌握问卷法的内涵及其特点。

知识准备

一、问卷法的概念

问卷法是指研究者以按照一定要求和程序编制的问卷为工具，收集数据资料的一种方法。问卷法应用于项目评估中，是指项目评估执行者按照项目目标、项目过程和预期成效的内容，设计一系列指标化的问卷，以收集项目过程中有关项目执行情况、服务对象评价、服务对象改变状况等数据的资料收集方法。

二、问卷法的特点

在项目评估中使用问卷法，要求评估人依据社会工作的专业要求及项目实施的实际情况，科学设计调查问卷及抽样样本。在问卷的指标设计中，有意识地收集服务满意度及项目服务成效等信息，同时需要对问卷的回收情况、填写的完整性和内容的真实性等进行核查。

以居家养老项目的第三方独立评估为例，列举以下针对项目过程及项目影响评估的问卷设计内容（见表 6–1、表 6–2）。

表6-1 老年人社会交往服务成效评估设计表

<table>
<tr><th colspan="10">老年人社会交往服务成效</th></tr>
<tr><th colspan="5">认知的改变</th><th colspan="2">与他人关系的改变</th><th rowspan="2">互动行为</th><th rowspan="2">社会认知</th><th rowspan="2">社会行为</th></tr>
<tr><th>社区生活认知</th><th>自我认同感</th><th>自我效能感</th><th>生命意义感</th><th>社会认同感</th><th>家庭关系</th><th>社会交往</th></tr>
<tr><td></td><td></td><td></td><td></td><td></td><td></td><td></td><td></td><td></td><td></td></tr>
</table>

表6-2 居家养老服务满意度调查表

<table>
<tr><th rowspan="2">评价项目</th><th colspan="6">满意度</th></tr>
<tr><th>非常不满意</th><th colspan="3">基本满意</th><th>满意</th><th>非常满意</th></tr>
<tr><td>1. 我认为活动的目标可达到</td><td>0</td><td>1</td><td>2</td><td>3</td><td>4</td><td>5</td></tr>
<tr><td>2. 我满意社工服务时间安排</td><td>0</td><td>1</td><td>2</td><td>3</td><td>4</td><td>5</td></tr>
<tr><td>3. 我满意社工服务的形式</td><td>0</td><td>1</td><td>2</td><td>3</td><td>4</td><td>5</td></tr>
<tr><td>4. 我满意服务的各项内容</td><td>0</td><td>1</td><td>2</td><td>3</td><td>4</td><td>5</td></tr>
<tr><td>5. 我满意社工的工作表现</td><td>0</td><td>1</td><td>2</td><td>3</td><td>4</td><td>5</td></tr>
<tr><td>6. 我满意社工的工作态度</td><td>0</td><td>1</td><td>2</td><td>3</td><td>4</td><td>5</td></tr>
<tr><td>7. 我愿意积极配合社工的服务</td><td>0</td><td>1</td><td>2</td><td>3</td><td>4</td><td>5</td></tr>
<tr><td>8. 我对社工服务的整体满意度</td><td>0</td><td>1</td><td>2</td><td>3</td><td>4</td><td>5</td></tr>
</table>

子任务4 访谈法

工作任务

第四种收集和观察资料的方法是访谈法。访谈法是项目评估中的常用方法，它通过对项目各方（包括项目购买方、利益相关方、项目执行方、服务对象、社会大众等）的结构性访谈或非结构性访谈，了解项目执行的整体状况，收集各方对项目的评价和建议。作为项目评估资料收集的主要手段，评估执行者应充分掌握访谈法的内涵及其应用。

知识准备

一、访谈法的概念

访谈法是指对服务对象及其家属、社会工作者、项目购买方等，就服务情况、服务成效以及对服务的具体意见进行个别访谈或集体访谈。

访谈法包括结构性访谈和无结构性访谈，前者的特点是按定向的标准程序进行，通常是采用问卷或调查表；后者指评估执行者并不依据事先设计的问卷和固定程序，而是只有一个访谈的范围或主题，由访谈员与被访者围绕这个范围或主题进行比较自由的交谈。

二、访谈法的做法

一般情况下，在第三方独立评估中，项目评估方会安排评估人员或评委分别针对不同评估对象开展访谈，例如向项目购买方代表了解对项目的满意度、项目沟通情况及社会影响力；向项目执行方代表了解项目监管、经费使用、资源支持等方面内容；向社会工作者了解项目的实际开展情况以及社工的专业价值观和专业方法的运用；向服务对象了解项目服务带来的改变及其对项目、社会工作者的满意度等。

以下同样以居家养老项目的第三方独立评估为例，列举针对服务对象对居家养老项目服务成效的访谈提纲内容。

居家养老项目服务成效评估：服务对象访谈提纲

一、请问您接受过社工何种类型的服务？

二、请问您参与（或接受）了社工的哪些服务？参与的频率如何？

三、请问您觉得社工的服务对自己产生了哪些影响和作用？

四、请问您对社工服务的满意情况如何？

五、请问您对项目服务有什么意见或建议？

任务实施

课堂讨论设计：请根据“导入案例”中项目评估的要求，设计在第三方独立评估中，分别可使用哪些方法收集和分析项目过程及成效的资料。

1. 讨论目的：加深学生对项目评估资料收集方法的认识；了解不同评估方法的作用；提升小组的团队沟通和策划设计能力，学会根据项目评估的要求、不同评估参与对象的特点，设计不同类型的项目评估资料收集方法。

2. 讨论形式：以“情境导入”的案例为中心，结合“知识准备”的内容，以小组为单位参与，对项目评估中可采用的资料收集方法进行讨论发言。

3. 讨论时间：30 分钟。

4. 活动步骤：

步骤一：小组讨论及设计。

资料收集方法的类型	针对对象	评估目标	评估内容设计

步骤二：根据案例及表的内容，归纳讨论内容并进行分类填写。

步骤三：根据讨论结果，各小组派代表进行总结发言。

任务点评

组别	评价内容（分值）					
	类型明确（20分）	对象明确（20分）	目标明确（20分）	内容合理（20分）	整体情况（20分）	总分（100分）
第1组						
第2组						
第3组						
第4组						
第5组						
第6组						
总评价备注						

拓展练习

位于某城市街道B社区的C楼盘被选为“幸福社区、共襄治理”的小区社会治理模范试点，并于本年年初入驻了专业的社会工作服务机构，该机构社工联合小区业主委员会、小区志愿服务队等居民自组织队伍开展了一系列促进小区居民参与小区治理的服务。现该小区所属社区的民政部门聘请你所在的独立评估机构为该项目的评估执行方，对该小区一年来的小区治理项目进行评估。

请结合项目评估方法的内容，谈谈在评估工作中，可采取哪些方法对项目资料进行有效的收集和分析？

任务三 项目评估的主体

情境导入

某城镇社区于今年年初新成立了一所专门为当地居民提供综合性社会工作服务的党群服务中心，并计划打造以“共享和谐社区，共参居民实事”为核心的社区共治项目，通过组织丰富的居民共享活动，打造各具特色的居民队伍，培养居民参与社区事务的核心队伍，增强居民在社区中的参与感和获得感。

现你被聘任为该服务中心的项目督导，由于该服务中心的社会工作人员均为初入职人员，直接服务经验少，你需要在督导过程中引导社会工作人员按预设目标开展服务，并顺利通过不同评估主体对项目的评估。

任务要求

请从项目评估的主体出发，让社会工作人员初步了解在服务推行的过程中，可能会面临哪些主体对项目服务的评估。

子任务 1 第三方评估

工作任务

政府是公共利益的代表者，也常常是社会服务的资助者和支持者，因此作为社会公共利益和服务对象利益的代表，政府有关部门要对社会服务项目的运营效果及服务成效进行评估。为了保证评估工作的专业性、全面性和客观性，政府对评估的实施一般通过聘请第三方评估机构来实行，这就是项目中经常会面对的第三方评估。因此，作为社会工作服务人员，有必要了解该评估主体在评估中的角色和任务。

知识准备

一、第三方评估的执行人员

第三方评估是指由与社会工作服务机构、运营点及其资助者无关的机构对社会工作服务或社会工作项目进行的评估。第三方评估一般由专门的评估机构或专门组建的专家组织实施，评估的过程和评估的结果具有相对独立、科学和客观的特点。

二、第三方评估的角色和任务

第三方评估的实施过程需要具有比较成熟的评估体系，参与评估的专家评委要熟悉国内社会工作及相关领域服务的发展状况，能够通过采用科学的调查、统计、分析、决策等方法，对服务开展过程中碰到的问题提出合理化建议，并能结合自身多年的理论和实践经验，对社会工作项目在需求调研、目标设定、项目运作过程、项目推行方式和项目成效提炼等方面提出有针对性的对策建议。

子任务2 社会工作服务机构的内部评估

工作任务

社会工作者和承接项目服务的社会工作服务机构都是社会工作服务的提供者，为了促进项目的持续发展和项目成效的推广，社会工作服务机构需要形成成效评估的意识和培养不断总结、反思服务的能力。从服务提供者与评估者的关系来看，由社会工作服务机构进行的评估属于内部评估。作为与服务机构“站在同一战线”的社会工作者，同样需要具备自我检查、自我总结和自我反思的能力。本次任务要求社会工作者了解社会工作服务机构内部评估的定位和任务。

知识准备

一、社会工作服务机构内部评估的定位

在社会工作服务机构的内容评估中，社会工作者及其所在的社会工作服务机构不是被动地等待评估，而是以积极、主动的态度和行动对自己正在开展的项目服务进行成效评估及总结，并主动对外宣传，进行社会交代，提升项目服务的社会影响力。

二、社会工作服务机构内部评估的任务

社会工作服务机构主动实施的内部评估，需要通过评估中获得的成效数据掌握服务的进度，发现问题并加以处理；及时进行服务经验的总结和对服务的不足进行反思，不断完善服务内容、提升服务质量；清晰地了解服务的投入和产出比及各方对项目服务的满意度。

子任务3 服务对象对项目的评估

工作任务

除了由出资方组织的第三方评估、机构为检验和推广项目成效组织的内部评估外，服务对象也是不可忽视的参与项目评估的对象。且由于其对项目的直接参与性，服务对象作为主体的评估往往更能通过其参与的体验和感受，指出项目的直接成效和影响。因此，作为服务项目的社会工作人员，了解服务对象作为评估主体时的角色和定位，将有助于社会工作者更全面地应对服务项目的评估。

知识准备

一、服务对象为何可以作为项目评估的主体

社会工作在其理念精神中强调以人为本，所推行的服务依据一定的服务对象需求而设计，并在实施的过程中注重服务对象在整体项目中的参与感和角色地位。因此，在项目评估中，除了接受和参与项目服务外，项目的服务

对象也会参与对项目社工开展服务的评估，以利于真实地反馈服务对象对项目的感受、自身改变状况、项目的受认知度、对项目未来发展的期望等数据。因此，服务对象在某种程度上也会成为评估的主体，对服务项目及社会工作者的服务进行评价。

二、服务对象作为项目评估主体的定位

社会工作者的大部分服务项目都是围绕服务对象的生存质量、群体关系、所处的社会氛围和文化等开展的，他们是服务的直接受益者，除了通过享受社会工作者提供的支持与服务外，服务对象还可以获得比其他评估主体更具经验性的评估材料。因此，服务对象通过参与、享受社会工作者提供的服务，对于服务项目的效率、质量、服务水平等有了相对于其他评估主体来说更感性、更丰富的认知。另外，社会工作项目的成效评估经常采用参与式评估的方式，评估方需要了解项目服务对象的感受、态度、评价和建议。从这一角度上来看，没有服务对象对评估工作的参与，服务提供者（包括资助机构、社会工作服务机构、社会工作者）就无法知道项目服务是否实现了预期的目标和效果。

任务实施

活动设计：请根据评估主体的有关知识，设计一项针对你所督导的社会工作者的培训计划表，让你所督导的社会工作者充分认识项目可能面临哪些主体的评估。

1. 活动目的：加深社会工作者对“项目评估主体”的认识；理解不同评估主体在评估过程中的角色定位。

2. 活动形式：结合“相关知识”中的要点内容，以“情境导入”中的案例为背景，分小组讨论对项目评估主体的认识。

3. 活动时间：30 分钟。

4. 活动步骤：

步骤一：小组头脑风暴。

评估主体的类型	谁来实施	参与评估的目的	在评估中的角色定位

续表

评估主体的类型	谁来实施	参与评估的目的	在评估中的角色定位

步骤二：根据讨论结果，各小组派代表进行总结发言。

步骤三：总结各小组的讨论结果，补充可能遗漏的信息并让小组补充完整。

任务点评

组别	评价内容（分值）					
	类型明确（20 分）	对象明确（20 分）	目的明确（20 分）	定位合理（20 分）	整体情况（20 分）	总分（100 分）
第 1 组						
第 2 组						
第 3 组						
第 4 组						
第 5 组						
第 6 组						
总评价 备注						

拓展练习

你是 F 市某区妇联亲子项目的新入职社工，该项目为本年度新开发项目，你作为其中一名核心人员参与项目的实施工作。为了保证项目的顺利实施并收集项目自开始至结项期间产生的成效数据，顺利通过项目购买方的评估，并扩大你所在机构承接同类型项目的社会影响力。现在你需要在立项之初即考虑各方评估的要求，以应对不同主体在不同期间对项目的评估。请根据评估主体的类型，详细列出项目在实施过程中可能面对哪些主体的评估，各类型主体在评估中的角色和定位，以及各类型主体参与评估的影响。

任务四 项目评估的框架

情境导入

你是某乡镇的社工站主任，该乡镇近年依据当地的水乡资源特点，开展了一项针对乡村振兴、乡村文化传承的重点工作。在该项工作的推进过程中，乡镇政府重点组织并培养了一批居民骨干，并根据其参与特点，成立了水乡歌谣长老队、乡镇特产产销队、青少年乡村文化导览队等居民自组织，这些自组织一开始为自发参与的队伍，后来在社工及民政部门工作人员有意识培养下，开始实施一些有计划的自组织活动，并接受了当地社会组织发展中心的项目资助。

现当地社会组织发展中心将就受资助队伍的服务开展状况、资金使用情况等开展项目评估工作，由于这些居民自组织的骨干均没有项目评估方面的知识和经验，对参与项目评估感到迷惘和担忧。当地民政部门工作人员计划邀请你为自组织骨干介绍项目评估的相关内容。

任务要求

请从项目评估框架组成的角度，帮助这些居民自组织的骨干成员了解项目评估的基本框架，帮助其了解项目评估的组成。

子任务 1 项目评估的对象

工作任务

项目评估的框架一般包括：评估主体、评估对象、评估目标、评估方法和评估内容 5 个基本要素。评估方法和评估主体的知识点我们已经分别在任务二和任务三中详细说明，评估内容我们会在任务五中结合评估指标重点阐述，这里我们主要介绍评估对象。

社会工作项目评估的对象主要包括承办单位（社会工作服务机构）、服务项目、服务人员（社会工作者 / 项目实施人员）3 个方面。要充分应对项目评估，必须对这 3 种评估对象有充分的认识，为项目做好充足的评估准备。

知识准备

一、评估对象 1：项目承办单位

服务项目承办单位是指项目服务的承接方及具体运营单位，在目前的项目购买中，社会工作服务机构是主要的项目承办单位，群团组织、居民自组织等也是常见的承办单位。它们接受政府、基金会、企业等项目出资方的资助开展专门性的项目服务，因此需要接受评估。

需要注意的是，不同于民政部门针对社会服务组织开展的等级评估，针对承办单位方面进行的项目评估主要是评估其有没有建立保障项目服务良好运行的制度、有没有提供安全的符合日常办公及项目服务需求的办公场地和办公设施、有没有配齐项目要求的社工、督导及相应工作人员等，这些都直接影响着项目服务的质量和可持续发展水平。

二、评估对象 2：服务项目

服务项目是评估最主要的对象，当前针对服务项目的评估主要围绕项目的需求调研、目标设定、方案设计执行、服务产出及服务成效等这几方面进行。评估服务项目的过程中，评估方不仅关注项目开展的规范性及专业方法（个案、小组、社区）运用的专业性，而且更注重项目的成效及产生的社会影响力。

三、评估对象 3：项目服务人员

项目服务人员是项目服务的直接提供者和执行者，理应属于项目评估的对象。在社会工作服务项目中，项目服务人员一般为社会工作者，但随着项目服务形式和内容的发展，营养师、技艺师、居民自组织的骨干成员等也有可能成为项目的服务人员。因社会工作者是社会工作项目的主要服务人员，以下将针对社会工作者进行主要介绍。

目前，在项目评估中对社会工作者的评估主要体现在对其资质和服务能力两个方面的评估。资质评估主要指的是基于项目服务的特殊性和复杂性，对社会工作者的受教育程度、专业训练背景、以往服务经验及拥有的专业资格等条件的吻合性进行评估；服务能力的评估主要指的是对社会工作者在相关服务中对相关理论的掌握、专业手法的运用、相关资源的整合链接、相关政策的建议倡导等方面所具备的能力及效果进行评估。

子任务 2　项目评估的目标

工作任务

社会工作服务项目评估的框架中，另一重要元素就是评估的目标。评估目标作为对评估工作开展的指导，它在目标层面说明了评估工作所指向的要求。在学习项目评估中，对评估目标的把握能有效帮助评估人员设计和实施有效的评估。同时，也能帮助被评估者从目标层面理解项目评估的要求。

知识准备

社会工作服务项目评估旨在检测社会工作服务的开展情况及促进专业的发展，其具体目标与评估内容密切相关。具体来看，社会工作项目评估的基本目标是检测社会工作项目的实施和完成情况，对服务进行总结并提炼服务经验，对服务进行评价并提出改进服务的建议，具体由以下三方面内容组成完整的评估目标。

一、评估项目的具体实施情况

评估项目的具体实施情况主要指评估社会工作项目目标的实现程度、专业服务效果及项目资金的使用情况。项目合同中规定的服务目标有没有达到以及达到的程度如何？规定的服务指标有没有完成？约定的服务对象在项目服务后有没有改善或提升？合同限定的资金用途有没有严格执行？项目社工及团队有没有在项目实施中获得成长？这些都需要通过评估来检验。

二、总结项目的经验和模式

通过评估过程总结项目服务经验，提炼服务技巧，提升项目在相关领域的服务水平。通过对项目成效的评估不断进行经验总结，进而转化为该项服务领域的专用知识，服务于后续的项目实践，从整体上不断提升项目的服务水平。

三、提供结项和持续资助的依据

把项目评估中综合评定的分数或等级作为项目结项的依据，并为项目出资方确定项目执行方继续承担相关社会工作项目的资质提供依据。通过开展项目评估，出资方能够对项目服务的影响力、可持续性、可推广性、各方满意度等维度有清晰的了解，有利于项目出资方从整体上对项目所开展的服务进行把握，这也为出资方未来选择继续或者停止资助相关项目提供了客观的依据。

子任务 3 项目各部分评估的特点

工作任务

广义的项目评估贯穿项目整个的实施过程，包括立项前的需求评估、立项期的项目设计评估以及本项目重点介绍的发生在项目实施期的过程评估、项目结束期的结果评估、由第三方或服务机构组织的成效评估。本项任务的目的在于：帮助大家区分流转项目各个部分的不同评估的特点。

知识准备

根据项目在各个阶段工作目标的不同，其相应评估的目的、内容和应用的评估方法也各有不同，下面将通过比较项目不同部分的评估，区分各部分评估的特点。见表 6–3。

表6-3　项目各阶段评估特点

	需求评估	项目设计评估	过程评估	结果评估	成效评估
评估时间	立项前 阶段性更新时	项目立项阶段	项目执行阶段	各项具体服务结束时 项目结束阶段	项目阶段性总结时（如中期评估） 项目结束阶段
评估目的	掌握立项依据	判断项目设计的适行性	了解项目的实际推进状况以及是否符合预期服务轨迹	评价各项具体服务的效果，了解项目服务产生的影响	整体评价项目的实施情况、产生的影响以及后续发展预期等
评估内容	服务对象的状况、需求和地区资源等	人手安排、项目驻点合适性、服务可及性等	项目/具体服务推行情况、服务满意度	项目/具体服务的效果、社会影响、目标达成情况等	项目实施的匹配情况、取得的成果和影响、财务使用情况、服务发展预期等
评估方法	以访谈法、问卷法为主，辅以对现有文献资料的分析，掌握需求评估的资料	一般以问卷法为主，了解服务设计在目标人群中的适用性	以问卷法为主，也有服务后的现场访谈，了解服务过程中服务对象的改变和看法	综合运用问卷法、访谈法、资料分析法等收集直接服务对象的评价或想法，通过对照原有目标获得结论	综合运用问卷法、观察法、访谈法、资料分析法等收集来自购买方、合作方、服务对象等的评价，对现有服务效果进行归纳、总结和预期

任务实施

活动设计：请根据“项目评估框架”中关于评估对象和评估目标的内容，设计一次针对居民自组织项目骨干成员的培训活动。

1. 活动目的：加深居民自组织项目骨干成员对“项目评估框架”的认识。

2. 活动形式：结合“相关知识”，参考“情境导入”的案例，以小组为单位参与，对项目评估框架的理解进行讨论发言。

3. 活动时间：30 分钟。

4. 活动步骤：

步骤一：小组讨论。

项目评估框架	具体内容
评估主体	

续表

项目评估框架	具体内容
评估对象	
评估方法	
评估目标	

步骤二：根据案例及表就讨论内容进行分类填写。

步骤三：根据讨论结果，各小组派代表进行总结发言。

任务点评

组别	评价内容（分值）					
	评估主体类型明确（20分）	评估对象类型明确（20分）	评估方法类型明确（20分）	评估目标内容合理（20分）	整体情况（20分）	总分（100分）
第1组						
第2组						
第3组						
第4组						
第5组						
第6组						
总评价备注						

拓展练习

假如你是一家社会工作服务机构的执行主任，目前，你所在机构承接了一项居家养老服务中心的运营项目。该项目配备了3名社会工作者及2名护理服务人员，他们之前均没有参与项目评估的经验。为了保障项目的顺利实施并达到相关评估的要求，服务机构指派你作为该中心项目的行政对接人员，协同社工督导指导该项目团队有效开展项目服务并接受项目的评估。请根据“项目评估框架”的内容，指导该居家养老服务中心的社会工作者认识项目评估框架的组成。

任务五 项目评估的指标

情境导入

你是某社会组织发展评估中心的工作人员，D市近年投入超过500万元财政经费大力发展该市区/镇的戒毒康复服务中心社会工作项目，为戒毒康复和社区戒毒人员及其家属提供支持性、发展性和治疗性的社会工作服务。该类项目以整体打包购买的方式，由当地3家社会工作服务机构分别运营8个试点中心项目。主管该类项目购买事宜的D市公安部门与你所在的评估中心签订第三方评估服务协议，计划由你所在的评估中心针对该类项目实施综合评估，以考核购买服务以来的项目运作情况、项目成效及项目的资金使用合理性情况等。

现你所在中心把此次评估的任务交由你负责，并要求出具相应的评估指标。

任务要求

请从评估指标的内容出发，根据该项目的性质制定合理的指标体系。

子任务1 运营管理

工作任务

项目评估指标的核心模块1是运营管理。“运营管理”模块的指标是一系列关于运营机构是否符合运营资质以及机构为实现项目成效所提供的能力资质的评价指标。作为一项综合评估，我们需要详细了解“运营管理”这一大项下的细分指标内容。

知识准备

一、服务队伍情况

“运营管理”下的细分指标一般包括：服务队伍情况、服务场地、服务制度及服务沟通等。

其中，服务队伍情况主要评估服务方是否按照合同要求配备相应的社会工作者及相关专业人员；队伍负责人及督导的资质是否符合合同要求；服务队伍在项目执行过程中是否能做到分工明确、优势互补、团队协作；服务机构是否对服务队伍提供针对性的培训及持续性的督导；服务队伍在项目执行期间的稳定性是否符合相关规定等。

二、服务场地

服务场地方面主要评估在服务开展过程中，使用的场地、设备、服务设施及相关物资是否能够满足项目服务及对象使用的需求，例如引入案例中提到的社区戒毒康复项目，其在服务场地中的要求，除了一般的服务功能场室外，还明确规定需要设置尿检室，服务方是否有专门场地能够全面、原始、真实、安全地保存服务的档案资料等。

三、服务制度

服务制度方面主要评估是否建立了与服务开展相关的制度指引，例如针对专项服务的专业服务指引、服务进度管理制度、服务质量监控制度等；是否制定了保障服务对象权益的相关制度，例如知情制度、服务参与及退出制度、隐私保护制度、投诉及意见处理制度等；是否对服务开展过程中存在的风险进行评估；是否制订了针对项目服务的应急预案等。

四、服务沟通

服务沟通方面主要评估是否建立与服务购买方、监督方及利益相关方（如政府部门或下属机构、学校、居委会、社团组织、企事业合作单位等）的恒常沟通机制，以及是否能够就服务的具体情况进行反馈和探讨；是否能够定期收集各方的服务意见；是否建立重大事项通报机制及制定工作任务的转接承办制度及操作细则；服务计划调整时是否主动向各方反馈信息，并及时向各利益相关方提交工作报告等。

子任务 2 服务质量

工作任务

项目评估指标的核心模块 2 是服务质量。服务质量评价的是在项目实施过程中服务的实施质量情况。这一模块下的指标项一般包括：服务需求、服务设计、服务推进及服务执行等细项。我们需要充分掌握此模块下各项指标的设定，以充分完整地通过指标反映服务的实际过程。

知识准备

一、服务需求

服务需求方面主要评估是否能够收集并整理服务对象的数据及基本信息；是否能够综合运用多种手法、多维度地收集服务对象及各利益相关方的需求；是否能够在服务分层分类的基础上，准确把握服务对象的生理、心理、社会等方面的特点及资源状况；需求分析报告结构是否完整；是否能根据分析获得的需求状况，合理界定服务的覆盖范围和目标指向等。

二、服务设计

服务设计方面主要评估是否能够根据服务对象的分层分类设计服务（例如，上述社区戒毒康复项目的案例，应在服务设计中区分高危复吸人员与一般人员的不同、戒毒康复人员与其家属的不同等）；服务目标的制定是否清晰、具体、可测量；是否能够了解服务对象的正式资源与非正式资源，进而设计更有针对性的计划；服务计划是否具有逻辑性和可操作性；是否有效回应服务对象的需求以及服务目标的要求。

三、服务推进

服务推进方面主要评估服务团队是否依据合同内容制订了总体工作计划和阶段性工作安排；是否制定了服务进度管理制度并合理安排工作进度；是否按时完成协议规定的服务指标；是否能不断扩大服务的覆盖面；是否能够根据客观环境的变化及时调整服务计划等。

四、服务执行

服务执行方面主要评估服务过程中是否能够体现社会工作“以人为本、助人自助”的价值观；服务开展是否能够遵守相关规范及社会工作专业伦理要求；服务内容的设计是否能够运用社会工作专业理论作为服务依据；服务过程中是否能够灵活运用社会工作的专业方法和技巧等。

子任务 3 服务成效

工作任务

项目评估指标的核心模块 3 是服务成效。服务成效是衡量整体服务效果的核心指标。这一模块下的指标项一般包括：目标实现程度、满意度、结果评估、服务产出、社会效益等内容。我们需要充分掌握此模块下各项指标的设定，并通过对该指标的分析反映项目的真实成效、产生的影响和未来发展需求。

知识准备

一、目标实现程度

对目标实现程度的评估包括服务合同中规定的服务目标的实现情况、服务数量的完成情况、服务对象的改善情况、服务机构及其专业团队从项目实施中得到成长的情况等。

二、满意度

满意度方面主要评估服务对象及各利益相关方（例如服务购买方、合作的政府机关或下属部门、学校、居委会等）对社会工作服务过程及服务成效的满意度。同时，服务团队在服务开展期间也要收集各方反馈的意见或满意度测评结果，主动对服务对象进行满意度的测评，并能根据反馈意见、满意度测评结果等改善服务。

三、结果评估

结果评估方面包括服务对象的受益情况、问题解决、自信心和能力提升等，也就是评估项目服务为服务对象带来了哪些改变。由于项目服务一般是指定某些特定服务对象的，对其需求及服务目标的把握也有明确的指向性。因此，在结果评估中需要特别关注对服务对象的困难帮助、问题解决和能力提升（例如个人压力舒缓情况、家庭问题解决情况、就业安置情况等）等方面的实现程度，以反映项目其不同的服务方式和内容模块，以及在何种程度上促进了服务对象的改变和能力的提升。

四、服务产出

服务产出方面主要评估项目开展过程中是否能产出相关的宣传资料（如宣传单、视频、小册子等）或项目产品（如文创类产品、食品类产品、明信片、小饰品等）；有无形成项目执行过程和有效经验的特定服务模式；有无总结项目中的焦点或特色案例并汇编成册；有无针对项目服务需要制作专属道具、服务指引等。

五、社会效益

社会效益的评估是指对服务的影响力、可持续性、可推广性进行的评估。即所开展的项目服务是否获得相关报纸、电视台、网站的正面宣传报道，具有一定的社会反响；服务开展过程中是否积极进行相关资源的链接与整合，组织参与发动、社会捐赠数量、志愿者发动的效果如何；服务是否能够结合当前政策进行相关的服务倡导，促进更多的公众参与等。

子任务 4 财务状况

工作任务

项目评估指标的核心模块 4 是财务状况。针对财务状况的评估是为了评价项目承接方是否按规定，合理使用项目资金以及资金使用后反映在服务成效中的使用情况。这一模块下的指标项一般包括：财务管理制度、财务规范等内容。财务情况的评估虽然不属于对服务的直接评估，但财务情况的评价对出资方了解资助款项的使用、机构财务管理的合规情况、资金投入效率等方面有重要的作用，也是未来资助标准更新的重要依据，我们理应掌握有关的评估指标要求。

知识准备

一、财务评估的范围

针对社会工作项目开展的财务评估，其范围一般包括：机构财务管理制度，项目用款规范，票据凭证的完整性、时效性，投入产出的匹配性等内容。

二、财务评估的具体指标

对财务状况的评估，其具体指标主要包括：服务承接方是否有完善的财务管理制度；是否有专业的财务人员或交由会计师事务所做账。

项目服务的支出是否符合财务原则和规范；每项支出是否都有记录、报销凭证可查；项目资金使用是否符合预算执行方案和财务管理制度；项目的各项支出是否符合原定计划或经调整后已提前申请及备案的计划。预算方案的制订是否体现目标相关性、政策相符性、经济合理性、公益导向性的原则等。

任务实施

活动设计：请根据项目评估指标的核心模块的内容，结合社区戒毒康复项目服务的特点，制定一套针对该项目的评估指标体系。

1. 活动目的：加深学生对“项目评估指标内容”的认识；提升小组的团队沟通能力；学会根据项目评估指标的内容，制定针对项目实际情况的评估指标体系。

2. 活动形式：结合“相关知识”，参考“情境导入”的案例，以小组为单位参与，对项目评估指标体系的内容进行讨论发言。

3. 活动时间：30 分钟。

4. 活动步骤：

步骤一：小组设计。

评估指标核心模块	针对项目何种内容	具体指标设计	各项指标的分值设置
		1.	
		2.	
		3.	
		1.	
		2.	
		3.	
		1.	
		2.	
		3.	
		1.	
		2.	
		3.	

注：如表行数不够，可自行修整表及加行。

步骤二：根据案例及表就讨论内容进行分类填写。

步骤三：根据讨论结果，各小组派代表进行总结发言。

任务点评

<table>
<tr><td rowspan="2">组别</td><td colspan="6">评价内容（分值）</td></tr>
<tr><td>核心模块准确（20 分）</td><td>针对内容明确（20 分）</td><td>具体指标合理（20 分）</td><td>分值设计合理（20 分）</td><td>整体情况（20 分）</td><td>总分（100 分）</td></tr>
<tr><td>第 1 组</td><td></td><td></td><td></td><td></td><td></td><td></td></tr>
<tr><td>第 2 组</td><td></td><td></td><td></td><td></td><td></td><td></td></tr>
<tr><td>第 3 组</td><td></td><td></td><td></td><td></td><td></td><td></td></tr>
<tr><td>第 4 组</td><td></td><td></td><td></td><td></td><td></td><td></td></tr>
<tr><td>第 5 组</td><td></td><td></td><td></td><td></td><td></td><td></td></tr>
<tr><td>第 6 组</td><td></td><td></td><td></td><td></td><td></td><td></td></tr>
<tr><td>总评价备注</td><td colspan="6"></td></tr>
</table>

拓展练习

A 市妇联在参与创建全国文明城市的工作中，着力推动当地家风文明建设的工作。为此，他们计划在市里成立支持家风文明建设的专项资金，并用于全市各区、镇组织项目创投。经过一系列的选拔工作，A 市妇联遴选了其中 8 个项目作为该专项资金支持下的家风文明建设项目，并在各项目的实施地点开展围绕家风文明建议、和谐家庭营造等服务。

现该市妇联购买了你所在评估机构的独立评估服务，并要求对该创投下的所有项目进行综合评估，以评价各项目的实施情况、成效成果、资金使用情况以及未来发展方向等。

请你作为该项目评估的参与人员，设计一套符合该项评估要求的评估指标体系。

任务六 项目评估的一般过程

情境导入

你是某评估发展中心的项目专员。G市民政部门购买了你所在评估发展中心的评估服务，并要求针对该民政部门主管的低保救助、突发困难救助、孤寡老人救助等项目服务进行综合评估。为了说明评估工作的安排并获得该民政部门的工作支持，评估发展中心计划召集民政部门分管领导、民政部门相关工作人员、承接服务的项目负责人等召开评估说明会议，并向参会人员介绍本次评估的过程。评估发展中心负责人将这一工作分配于你。

任务要求

请从项目评估的一般过程出发，总结并分类说明项目评估需要经历哪些工作过程。

子任务1 准备评估阶段

工作任务

尽管目前社会工作项目有众多服务方式和类型，涉及的服务对象类型各不相同，成效评估的过程和重点也不尽相同，但从评估实施的逻辑顺序来看，社会工作项目评估的一般过程大致可分为准备评估阶段、实施评估阶段、撰写评估报告、评估结果应用4个阶段。在本次任务中，我们将就各个阶段任务的具体内容及注意事项进行阐述。

准备评估阶段作为评估的开端，其工作不可或缺，也是后续评估过程得以顺利开展的重要前提，因此，我们应该认真思考并准备评估阶段涉及的工作内容和开展要求。

知识准备

一、准备评估阶段包括哪些工作

准备评估阶段指评估前的准备工作，其一般内容包括：评估的时间进度安排、评估程序确定、评估团队组建、评估指标体系确定、评估方法设计（如问卷设计、访谈提纲设计、观察记录设计等）、评估经费预算等。

二、准备评估阶段的一般过程

评估方首先需要与评估委托方共同明确评估目的、评估的内容以及如何评估。

然后根据这些共识内容制定与项目领域的特点及受服务人群的特点相适应的评估标准。在现实中，一般会采用社会科学研究方法的流程进行具体评估标准的设计。比较常用的有两种方式：一种是对于合同指标明确的，可根据服务合同设计评估指标；另一种是根据服务过程逻辑，参照服务质量标准体系，制定评估标准。这种方式通常关注服务开展过程中的各个环节，关注每个环节的服务质量。

评估标准确定之后，就需要思考如何进行评估的问题。至少需要完成下列 3 项任务：第一，制定合理的评估时间进度表，确定每个步骤的具体完成时间；第二，制订合理的经费预算，确定评估过程中每个环节所需要的开支明细；第三，合理分配人力资源，确保每个环节都有合适的人员投入。

子任务 2 实施评估阶段

工作任务

前期的评估准备完成之后，就可以按照计划开展评估工作，这一阶段是评估实施的主要工作，其最重要的工作内容是评估资料的收集与分析，以获得第一手的评估资料。作为评估执行人员，应充分了解这一阶段中可通过何种方式收集资料，并掌握实地评估的一般操作流程。

知识准备

一、收集资料的方式

在项目评估的实施过程中，收集资料的方式既可以是要求服务提供方根据评估标准提供自评资料（例如自评报告、成效报告等），也可以结合资料并通过分析法、问卷法、访谈法、观察法等多种方法收集。这些方法在前文评估方法中有详细介绍，此处不再赘言。从作用来看，通过不同的资料收集方法收集同一对象或类型的资料，可以帮助评估方辨别现有资料的可信度，补充现有资料的不足或缺失。

二、实施评估阶段的工作流程

实施评估阶段的工作流程大致包括：由评估方发出评估通知，组织服务承接方进行评估前培训及评估指标介绍；被评估项目在规定时间内提交自评报告给评估方；评估方组成评估小组提前查阅自评报告并组织评委队伍实地前往被评估项目所在地进行现场评估，并于现场评估结束的当天，现场反馈评估意见；在规定时间内出具评估报告给购买方和服务承接方。

三、实地评估的一般操作流程

在实施评估阶段，通过对项目进行一次实地现场评估，现场评估的流程一般包括 4 个方面：

第一，听取项目负责人介绍项目运营及服务情况、各项指标完成情况；

第二，实地观察服务场地的硬件建设情况，以评估其设施开展专业服务的适宜性；

第三，查阅项目的管理、人事、财务管理制度及专业服务记录等资料；

第四，与承办机构管理人员及财务人员、项目服务人员等进行访谈，同时还会通过现场抽取服务对象进行电话或实地访谈，了解项目服务的相关情况。

子任务3 撰写评估报告

工作任务

现场评估结束后，就进入撰写评估报告的阶段，评估报告是综合反映评估发现、服务评价、评估建议的综合文体，我们有必要对其撰写的一般框架、评估报告的质量标准等进行深入了解。

知识准备

一、对评估资料的整理及分析

实施评估的过程中，评估方收集到大量原始资料，为了进一步总结和甄别，还需对其进行整理分析。对定量资料的分析，如服务对象满意度、就业率、成绩提升率、效能感变化水平等，可将收集到的数据经整理后进行直接统计分析，而对于依托文献查阅、焦点小组和访谈获得的定性资料，在完成输入和整理的基础上，还需要参照评估标准进行“内容分析”，及时总结提炼重要信息，并对前后资料进行对比整体分析。

二、评估报告的撰写框架

在评估准备阶段已经定好了评估报告的格式，即评估报告具有相对固定的写作提纲或已设置内容明确的表栏目，参与评估的评委及工作人员只需根据评估资料的分析结果把相关内容填写上去即可。

下面将以D市H镇S村×××社区综合服务中心的评估报告为例，列述评估报告的撰写框架如下：

×××社区综合服务中心评估报告

项目购买方：××××××

项目承办方：××××××

项目评估方：××××××

评估日期：××××年××月××日

一、服务概况
二、评估方法
三、评估原则
四、项目运营管理情况
（一）服务场地管理情况
（二）项目服务团队情况
（三）项目制度建设情况
（四）财务管理情况
五、购买方及利益相关方访谈情况
六、项目服务开展情况
（一）服务指标及服务进度
（二）专业服务
（三）其他服务
七、评估得分及评估等级
八、结语

×××（评估方）

××××年××月××日

三、评估报告的质量标准

评估报告作为评估结论的主要载体，其内容需要呈现对当前服务进度及服务质量的了解，指出当前服务值得肯定的地方和不足之处，并为服务下一阶段的发展指明方向。因此，一篇好的评估报告除了结构合理、内容完整、语言表述清晰流畅外，我们还可以通过以下标准把控评估报告的质量，以真实、严谨地反映项目评估的结论和建议。参照顾东辉提出的评估报告质量标准，列述标准如下：

（1）评估目的和问题是否陈述清楚？

（2）评估设计是否合理？

（3）对评估过程是否进行了详细描述？

（4）收集的资料是否充足和可信？

（5）对资料的分析是否准确到位？

（6）评估发现是否基于收集到的资料？

（7）评估结论是否基于评估发现？

（8）对策建议是否具有针对性和可操作性？

为了保证评估报告的真实性和客观性，评估方在完成报告之后一般需要先将报告交给服务购买方及服务承接方进行确认，如有跟事实不符的地方可进行调整修改，最终各方确认无误后再正式发布。

子任务 4 评估结果应用

工作任务

评估报告的撰写并不意味着评估工作的结束，因为评估报告作为评估结果的反映，其如何指导现有项目工作进行完善和发展，为未来项目继续提供资助以及为项目更新发展提供可行性建议，才是评估结果真实发挥效用的体现，这也是我们常说的“以评促改，以评促建”的作用所在。因此，在完成评估报告的撰写后，我们还应了解评估的结果如何应用。

知识准备

一、对项目购买方的应用

评估报告撰写完成之后，项目各方已经对服务的开展情况有了比较客观、准确的了解。尤其是对服务购买方来说，通过评估，服务购买方 / 资助方对其所资助开展的社会工作项目有了全面而深入的了解，购买方 / 资助方可通过报告中的总体评价及各部分内容的分值比例，以此决定继续或停止对相关服务机构社会工作项目服务的购买或资助。同时，也可通过评估报告，优化项目继续购买的内容和目标，以不断适应服务对象及服务条件的实际状况，优化使用购买资金。

二、对项目承接方的应用

对服务承接方来说，通过项目的评估能更好地帮助其了解服务的开展情况、达到的整体成效以及来自服务对象、购买单位、合作方的评价等，借此机会“以评促改，以评促建”，不断改善项目服务的质量和对服务队伍的支持，提升服务对象的福祉。

在某些项目评估中，服务承接方获得的等级评价，也能帮助其进一步开展在相关领域的服务，推动机构的品牌建设和服务质量的提升，最终服务于机构的相关项目在不同地区的推广和发展。

三、对项目评估方的应用

对评估方来说，通过发布严谨、科学、数据可靠的评估报告（如公开出版、举办新闻发布会、组织项目研讨会等），可以实现对相关政策的倡导和呼吁，推动更多针对服务对象需求和福祉的政策出台；向社会大众普及社会工作项目服务的相关知识（如医疗知识、政策知识、防范知识等），推广相关服务工作的发展；同时，评估方在项目评估过程中发现的机构建设或服务队伍能力提升的问题，也可以助力评估方成为行业发展倡导的角色，为社会工作行业及队伍发展提供依据，并整合相关资源为行业和队伍的专业化发展提供有益的助力。

四、对社会其他各方的应用

专业、科学、严谨、前瞻的评估报告，不但对参与项目评估的各方具有应用功能，事实上，这样的评估报告对社会其他各方也具有应用的可能，尤其是政府政策制定部门及民意调查部门。社会政策的提出具有环环相扣性，一项服务的结果也能影响其他服务的设置和安排。因此，公开发表或刊登的评估结果，其数据及结论也可能为其他服务或政策、举措的制定和实施，提供有力的应用参考和依据。

子任务5 项目评估常见问题及应对

工作任务

尽管在项目评估的设计和执行中，已经设计了相对完善的评价体系，但在项目评估的实施过程中，依然会出现影响评估准确性甚至是评估质量的问题。作为对项目的总结和评价，项目评估人员有必要充分预知评估过程可能出现的问题，并予以处理和应对，以保证评估过程的准确性。

知识准备

一、评估指标设置的适用性问题及应对

在前文“项目评估的指标”中，我们了解到项目评估是由一系列的指标项构成的。而这些指标，有些是根据现有行业准则、资质要求、政策要求等设置的评价指标，如资金使用比例、管理制度设置、个别服务项达标率（如就业率）等。这些指标比较明确，也基本适用于同类型的不同项目，但与项目目标、预期成效挂钩的绩效产出类指标就相对没有那么明确和统一了，这类指标的设定需要根据不同项目的具体情况进行设定，如评估困境儿童救助的项目，可能其绩效指标有服务人次、时数、服务对象改善情况、服务对象满意度等指标，而评估文化传播类的项目，其绩效指标则可能要考虑服务对象人数、覆盖群体、传播效果等内容。

因此，这些指标的设置应与项目计划、项目目标密切相关，需要具体问题具体分析，在项目立项时就要结合实际设置科学的、合理的绩效考核指标，考虑好在中期检查和结项评估阶段如何测评项目的各类绩效、效益指标。尤其对一些特殊的、不易量化考评的项目，更要在立项阶段、评估前期仔细研究论证这部分的评估指标。同时，在评估中，还应结合项目申报书或者实施方案一一对应进行评估，考量目标的完成情况。

二、服务对象评价的参与性问题及应对

社会工作评估是一种诊断、评价行为，购买方、服务机构、服务对象在参与服务中的角色不一样。因此，购买方、服务机构以及服务对象应成为评估的主体，尤其是对服务成效的评价，更应综合听取来自这几方的意见。然而，目前的社会工作评估尤其是项目成效评估 / 结项评估，大多通过评估专家与基层政府、服务机构代表的交流来进行，对服务对象 / 服务使用者评价的了解则大多来自服务文书中的反馈表或社会工作者的观察总结。服务的直接

受益者缺位于服务质量评估的过程，就容易造成服务评估的客观性减弱，如果日常的过程评估数据缺失或不全面，成效评估 / 结项评估的结果就有可能存在偏差。

因此，要解决这一问题，一方面，需要通过支持社会工作者（服务执行者）掌握专业、全面的过程评估手段，以准确地收集和反映服务过程中服务对象的真实反映；另一方面，还应加强日常监测中服务对象的参与，通过可视化、容易接触和主动评价的方式（如座谈、随访、明星服务墙等），促进服务对象在日常服务监测评价中的参与，同时把该项监测数据作为结项评估中服务对象评价的重要依据。

三、零散服务数据的归纳问题及应对

在前述内容中我们了解到，在整体项目的执行过程中会经历诸如需求评估、设计评估、过程评估、结果评估等多个过程。每一项评估都会产生大量的资料和服务数据，如果处理不当，很容易会出现数据散乱、数据和评估结论偏离、数据无法佐证 / 支持评估结论等问题。因此，面对评估过程中产生的大量数据，应把握如下处理原则，以充分、准确、合理地利用评估过程中收集到的服务数据。

首先，应按照评估设定的目标严格制定并定义评估指标，在收集数据的过程中，注意根据评估指标的准确要求收集相关数据；其次，在收集数据的过程中注意归类分析，把属于同一项指标佐证的数据归类，并注意其之间的相关关系，注意是否出现自相矛盾的情况，如出现，应及时纠正并解释出现矛盾数据的原因；最后，注意处理在服务过程中收集到的重要的补充性或额外数据，因为评估指标是提前设定的，而服务过程的推行可能会因实际状况、服务条件或人为因素出现调整，因此在各项评估的过程中，都需要注意那些重要的补充性或额外数据，注重分析该类数据背后所反映的项目真实情况。

任务实施

活动设计：请根据项目评估的一般过程，总结项目评估实施的具体过程及各阶段工作安排。

1. 活动目的：加深学生对“项目评估一般过程”的认识；提升小组的沟

通协作能力，总结评估的一般过程包括哪些阶段及各阶段具体的工作内容。

2. 活动形式：结合“相关知识”，参考“情境导入”的案例，以小组为单位参与，对项目评估一般过程的具体内容进行讨论发言。

3. 活动时间：30 分钟。

4. 活动步骤：

步骤一：小组设计。

评估阶段	工作目标	工作内容	注意事项
阶段一：			
阶段二：			
阶段三：			
阶段四：			

步骤二：根据案例及表就讨论内容进行分类填写。

步骤三：根据讨论结果，各小组派代表进行总结发言。

任务点评

组别	评价内容（评分）					
	阶段明确（20 分）	目标明确（20 分）	内容合理（20 分）	注意事项合理（20 分）	整体情况（20 分）	总分（100 分）
第 1 组						
第 2 组						
第 3 组						
第 4 组						
第 5 组						
第 6 组						
总评价备注						

拓展练习

你所在的评估机构受K市公安部门委托，对其资助下的社区戒毒康复项目进行年度评估。该类项目主要针对社区戒毒康复人员开展出所后的对接和支持性服务；针对在所人员及社康社戒人员家属开展支持性和发展性的服务；针对项目驻点所在地区的中小学、企业、娱乐经营场所、车站、公园等人流密集的公共场所开展毒品知识及禁毒宣传倡导服务。

请你根据项目评估的一般过程，设计一份完整的评估开展方案，以支持该评估的顺利实施。

7

项目七

项目品牌建设与推广

【项目导学】

品牌化概念源自营销学，然而，随着我国社会工作的发展，项目品牌建设及推广成为社会工作专业发展过程中非常重要的一环。一旦服务主体对服务的品牌意识得以强化，便能有机会大大提高社会服务的竞争能力。在社会工作项目中引入品牌化概念，是将社会工作“助人自助”的服务理念输出为面向服务对象的服务性产品，从而提升社会工作项目的知名度、可信度、美誉度、忠诚度、依赖度，进一步促进社会工作的专业化、标准化和社会化。

我们如何把品牌化概念融入社会工作项目的设计、实施、总结及推广中，帮助我们打造特色社会工作服务品牌，提升社会工作专业影响力呢？本项目将从项目品牌建设以及项目营销与推广两方面阐述社会工作项目品牌化技巧。

【项目学习目标】

知识目标

❶ 了解品牌的概念、特征及分类。

❷ 理解品牌建设的原则及原理。

❸ 掌握社会工作项目品牌建设的方法与技巧。

❹ 掌握社会工作项目品牌推广的路径与方法。

技能目标

❶ 培养为社会工作项目起名的能力。

❷ 培养社会工作项目品牌建设的能力。

❸ 培养社会工作项目品牌推广的能力。

职业素养目标

❶ 树立创新理念，与时俱进，学会用理论指导实践，以实践验证理论。

❷ 养成调查研究习惯，全面深入了解项目之间的联系，学会具体问题具体分析。

❸ 锻炼社会工作项目品牌设计思维，掌握项目品牌建设及推广技巧。

任务一 项目品牌建设

情境导入

某城市社区在3年前引入了A社会工作服务机构开展长者社会工作项目，帮助社区长者提升社区幸福感。3年来，项目的社会工作者非常用心地为社区长者设计了很多服务，开展了诸如入户探访、暖心送汤、文体娱乐、健康维护、义诊义剪等服务，接受服务的长者也很满意，为社会工作者频频点赞。但社区中仍有很多长者及社区居民不清楚项目的内容，甚至很多社区居民根本不知道社区有这个社会工作项目，对此，社会工作者很苦恼。其后，机构组织开展项目服务研讨会，最终决定将项目名称改为“金色晚年”社区长者服务项目，并为其中反响最好的暖心送汤服务起名为“一碗汤的温度”长者暖心关怀计划。通过宣传推广，项目逐渐被很多社区居民了解，甚至很多居民主动申请加入送汤服务的志愿队，每周坚持为社区特殊困难长者提供送汤便民服务，为社区特殊困难长者搭建起一个完善的社区照顾网络。项目甚至在多个社会工作服务案例比赛中荣获奖项。

任务要求

1. 结合情境，请你谈谈为什么社会工作项目需要进行品牌化建设，其意义在哪里。

2. 你认为，进行社会工作项目品牌建设需要怎么做。

子任务 1 为项目起名

工作任务

1. 通过阅读材料，收集各类优秀社会工作项目名称，分析其特点。

2. 通过小组研讨，尝试给某一个社会工作项目起名，并进一步讨论不同的名字会对项目产生什么样的影响。

知识准备

一、项目起名的要点

关于为项目起名，营销学之父科特勒（Philip Kotler）在《市场营销原理》一书中提到 3 个要求：一是应当标明有关产品性能和质量（就是直接告诉别人你的产品是什么，好在哪里）。二是应当易于发音、识别和记忆。三是名称应当独特、鲜明。

项目品牌名称是社会工作项目品牌化的核心要素，它往往简洁地反映了项目的核心内容，使受众产生关键的联想。为项目起名字非常讲究，要具有独特性，并立意隽秀、让人回味；好的品牌项目名称和普通的品牌项目名称相比，单纯在字义上就容易被识别与记忆；理想的品牌项目名称要做到记忆方便，服务对象与服务内容等具有充分定位；优秀的品牌项目名称要有趣味，富有创造力，寓意深刻持久，能够使社会工作专业服务在众多的社会工作项目中获得有力的保护。

以下是为社会工作项目起好名称的要点：

主副搭配，通俗易懂。如“城市美容师——环卫工支持计划”，这个名称分两部分，主标题负责传播，副标题负责内容解释。好名称一般指的是主标题，如“城市美容师”很容易让人想到环卫工，环卫工是为大家的美服务的，但干的是让自己“变丑”的工作。“城市美容师”，通过把环卫工这个让人避之不及的工作，和人人皆有爱美之心联系起来，唤起大众对环卫工的关爱和支持。

简洁有力，易于记忆。如“一公斤盒子”，是一个针对乡村学童的大礼包，项目名称就直接体现了项目的核心，即鼓励公众以简单的方式直接参与社会公益。每个人都可以在乡村旅行的时候多背一公斤的图书和文具带给沿途的乡村学校，用于给孩子们开设有趣好玩的生活学习课堂；同时每个人也都可以轻松地记住项目名称即项目的核心理念。

朗朗上口，传播力量。如“社区梦想家”，用开口音一二声结尾，符合发音韵律，读起来就朗朗上口，充满力量。易读悦耳，就容易给社区参与者留下较深刻的印象，被项目乐观向上的情绪所感染。“梦想家”就是鼓励社区有梦想、有参与意愿的每一个个体，都可以带着自己的梦想方案进入社区，通过公益的服务平台打造自己心目中理想的社区。

利用谐音，模拟成语。如“不约儿童——幼儿防性侵”，谐音是利用汉字同音或近音的条件进行成语谐音替换，产生辞趣。其形式、音节与某个耳熟能详的成语相似，意义却完全不同，用“谐音成语”生动地表现出服务特色，有效地影响大众，也是一种较好的广告宣传语。“不约儿童”，直接表明了项目目标是杜绝儿童性侵，通过谐音给人留下深刻印象。

积极向上，避免标签。如“银龄安康”“玫瑰妈妈”。虽然我们说生命之树长青，但长者的生命常被想象成灰色；失独群体承受了极大的痛苦，他们需要社会关爱，但“失独”两个字就有可能给他们带来二次伤害。在结合服务群体命名时，考虑与周围环境中的社会成员对其行为的定义过程，避免被贴上“标签”，也就是以优势视角看待赋予他们的生命不一样的力量。因此，重要的任务就是进行创造性的重构，通过一种重新定义或标定的过程来强化正向的部分。名字要求积极向上，活泼健康，并结合行业或服务特点，叫得顺口。

精确传导，避免歧义。某机构想成立一个骨干志愿者团队，以介入社区的突发事件。相比于一般的志愿服务，这个骨干分队的定位，具有迎难而上、不畏艰险的特质，社工将队伍命名为“特攻队”，获得了成员的一致同意。在上报街道领导时，遇到了当头棒喝，名称不予通过。因为，“特攻队”给人的表面印象是加入队伍需要特别的能力，这并不符合志愿行动希望吸引社区居民广泛参与的理念。因此，在取名时需要留意，通过文字传递信息，目的性需要精确传导，名称需表达准确，符合事实、标准或真实情况，避免造成对概念的歧解。

唤起情感，制造想象。如“城市中央的故乡——黄埔古村人文活化”，故乡唤起情感，城市中央激发想象。很多人都觉得城市比较冷漠，缺乏人情味，有时会怀念故乡的温暖感觉，而“城市中央的故乡”就会给人带来好奇，想要一探究竟。唤起情感时需要提出事实，究竟是确有其事还是只是一个设想的事实，这是无关紧要的，我们需要判定“表现情感”的这个词组究竟是想要表达什么，情感是否需要通过释放某种虚拟情境中的想象来完成，最终实现丰富的想象和情感的共鸣。

浓缩精华，优化表达。如“珠联碧河——珠江流域环保志愿者联盟培育”，首先，“珠联碧河”借用了成语谐音，较容易形成记忆点；其次，提炼了项目核心，即“珠江流域”“联合”“环保”“河流”，每个字都有对应的意义；最后，“珍珠”和“碧玉”都是宝贝，就像志愿者的行动一样值得珍惜，名称象征着项目的价值。

二、拟定项目名称的程序

项目名称的拟定是一个科学、系统的过程，一般可以遵循以下几个程序：提出建议—评价选择—调查分析—优化改善。

（一）提出建议

项目工作组可根据项目起名的原则，广泛收集相关的词语或者词组。常用的方法是头脑风暴法，通过集思广益在一定时间内汇集大量的项目候选名称。

（二）评价选择

有了项目名称的候选之后，组织一个评价的工作小组，其成员最好由有社会工作、语言学、心理学、美学、社会学、市场营销学等专业背景的人员组成，由工作组对候选名称进行初评。初评出来的项目名称既要反映项目的理念，又要符合项目的长远发展要求。

（三）调查分析

基层人民群众是社会工作品牌服务项目的最终决定者，因此对评价工作组初评的方案进行社区群众调查，了解大家对这些项目名称的感受及想法，这是非常关键的一部分。我们可以采用问卷调查的方式展开调研，问卷内容的设计可以从名称的联想度、可记忆程度、愉悦度、积极程度、偏好程度等方面入手；此外，也可以采用社群征集的形式，向服务对象征集项目名称，让服务对象参与项目起名的过程，也是一种潜在的项目认知度打造的过程。

（四）优化改善

如果调研发现初拟的项目名称品牌预期效果不理想，那就建议重新启动以上几个程序的工作，对项目名称进行重命名，直到找到一个多方较为认同且满意的项目名称为止。

拓展阅读

生活中，最容易让我们记住的一些品牌的命名方法见表 7–1。

表 7-1 常见的品牌命名类型

类型	例 子
水果类	苹果手机、西瓜视频、六个核桃、鲜橙多、黑莓手机……
植物 & 粮食类	小米手机、花椒直播、土豆网、蘑菇街、果壳网……
故事类	阿里巴巴（小说《阿里巴巴和四十大盗》中一个角色名）、星巴克（小说《白鲸记》中一个角色名）、哪吒汽车……
动物类	盒马生鲜、三只松鼠、蚂蚁金服……
古诗词	百度（众里寻他千百度）、资生堂（《周易》：至哉坤元，万物资生）、知乎（之乎者也）……
成语法	长虹（气贯长虹）、宜家（宜室宜家）……
联想法	某面馆起名“不如见面”……
谐音法	一家奶茶店叫“甄茶局”，虽然不是斟茶，但甄别也是一种好寓意。谐音法在品牌命名中一直比较受排挤，地位基本等同于脱口秀演员谐音梗扣钱的地位
英文翻译	棒约翰国外名叫“Papa Johns”，基本等同于“老干妈”，翻译后虽然缺失了英文的亲切感，但加入了夸奖语气，也算是不错的翻译
地域法	青岛啤酒、贵州茅台……
人名法	李宁、乔丹……
数字法	360、7–11、九毛九……
指代法	公牛插座、鳄鱼皮带、红牛饮料……

子任务2 打造品牌

工作任务

1. 小组组织一场辩论赛，辩题为“社会工作项目打造品牌利大于弊还是弊大于利？”以此来立体地认识打造社会工作项目品牌的重要性和必要性。

2. 通过小组讨论，总结出打造社会工作项目品牌的途径及方法。

知识准备

一、什么是品牌服务项目

品牌是一个广义的概念，包括了品牌的名称、品牌标识、品牌历程、品牌内涵，它涵盖了品牌从形成、定位、延续及产品等。品牌既指具体的产品，也指其品牌带来的衍生内涵。品牌同时也是品质的形象代言词，品牌建设包含了品质服务提升等内涵。

社会工作品牌服务项目可以理解为紧贴多数服务对象需求，富有内涵特色，服务对象广泛参与其中，并在一定区域内具有较强影响力的，得到了广大人民群众认可的，体现亲情化、精细化特征的社会工作项目。这些品牌服务项目能够帮助服务对象获得积极的转变、能够改变社区的面貌、能够塑造社区的魅力，最终实现社区的理想。

一般而言，一个品牌项目普遍具有以下特点。

差异化：与过去的社会工作项目或相较于同质性较高的项目/社区具有明显的差异性。

系列化：品牌项目一般由多个活动组成并有明显的积极联动效应，而非单场次的服务。

精细化：品牌项目在遵循了社会工作服务逻辑的基础上，服务内容呈现精准化及精细化特性，项目服务得到深度拓展。

参与度：品牌项目能够吸引多数的居民知晓并参与其中，项目服务呈现出多元主体参与，服务覆盖面广的特点。

满意度：品牌项目必须是获得了多数居民的满意评价及认可的。

影响广：品牌项目不仅在所服务辖区有知名度及影响力，更能够在本街道、本区、本市乃至全国有一定知名度并具有较高的推广价值。

二、服务项目的 SWOT 分析法

SWOT 分析法最早是在 1965 年由 Learned 等人提出的。SWOT 分析法多运用于商业领域中，它是企业用来分析自身竞争优势、竞争劣势、竞争机会、竞争挑战的分析方法。这种分析方法能全面、准确地分析出组织所面临的处境。其目的是促使组织的内部资源和外部环境有机结合，从而制定出相应的策略和计划。SWOT 分析法中 S（Strengths）为优势，W（Weakness）为劣势，O（Opportunity）代表机会，T（Threats）代表挑战。其中，S、W 代表着内部因素，O、T 代表着外部因素。SWOT 分析法能够直观、简单地表达出组织面临的情境，在没有数据和相关资料的支持情况下，依然能够用该分析方法给出具有说服力的结论。

在品牌化打造之前，我们可以借助 SWOT 的分析模型，将服务项目目前所具备的优势、劣势、机会、挑战等内、外部优势逐一进行分析，以准确判断服务项目的处境，为品牌化的建设做好准备。如图 7-1 所示。

优势	机会
劣势	挑战

图 7-1　SWOT 分析模型

三、服务项目品牌化的途径

关于品牌的打造路径，营销史上有着各种不同的观点，比如运用定位理论、CBBE 模型理论等打造产品品牌。结合对品牌管理要素的分析，我们将社会工作品牌服务项目的打造路径归纳为以下 4 个闭合循环途径。如图 7-2 所示。

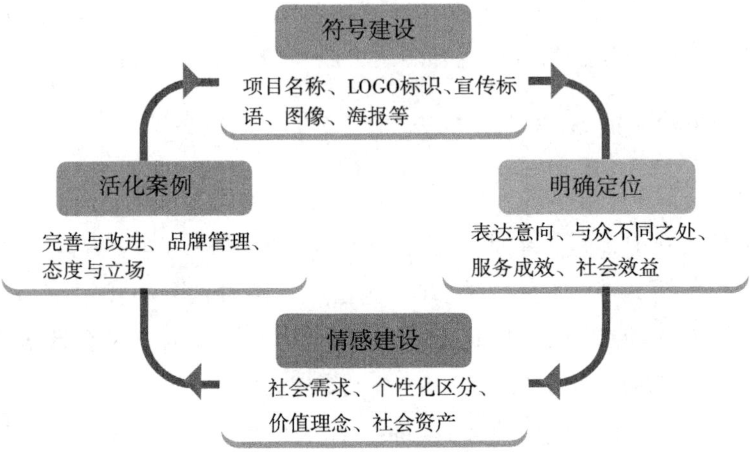

图 7-2　品牌打造路径

我们可以通过前期的调研，明确项目对象的需求，并设计出项目的服务策略及内容，其后，进一步运用各类应用工具对项目进行“符号建设”，包括项目名称、LOGO 标识、宣传标语、图像、海报等方面的设计。如项目看到了困境儿童受限于家庭经济条件，难以实现在家里安心读书的困难及需求，特意设计了帮助困境儿童在家里设置一个“读书角”的服务项目，为了让项目更有品牌标识，社工为项目取名“拾房子”并设计了相应的口号及 LOGO，寓意可以帮助困境儿童收拾房子，在家里规划出一个用于阅读与写作业的空间，项目推出之后，广受关注。

每个项目都有着自身的独特性，因此，“明确定位”回答了项目在设计上面是什么、为什么、怎么做等问题。品牌的定位既能保证项目有良好的服务质量，也能让其在众多的项目中脱颖而出。

一个项目能否得到服务对象的信任和青睐，除了体现在能够满足服务对象的需求外，也体现在与服务对象的“情感建设”程度。一个社会工作品牌服务项目要增强服务对象对项目的依赖感和情感满足程度，就需要项目在实施过程中，除了给服务对象带来体验感及满意度高的服务外，还需渗透宣传项目名称及口号等，以此来搭建起服务对象与项目之间的情感连接。

社会工作项目品牌建设是一个让服务不断迭代进步的过程，“活化案例”特别是活用项目服务开展过程中的成功案例，能够进一步为项目增加有效性的实证效果，增加项目的可信度和影响力。

任务二 项目营销与推广

情境导入

小林是一名青少年社工，他负责的项目是“阳光成长计划”社会工作项目。这个项目旨在帮助贫困地区的儿童和青少年，通过提供教育辅导、心理辅导、健康关怀等服务，改善他们的生活状况，促进他们的健康成长。他需要设计一个宣传推广方案，为了让更多的人了解这个项目并参与其中，通过思考及研究，他进行了以下尝试：首先，他通过社交媒体平台发布项目信息，撰写了一篇介绍“阳光成长计划”的文章，包括项目的目的、服务内容、实施方式、预期效果等，并配以生动的图片和视频，而他选择在周末发布这篇文章，因为此时社交媒体的用户活跃度较高。其次，他还利用校园资源进行宣传。他联系了当地的几所学校，向他们介绍了“阳光成长计划”，并邀请学生参与其中。其后，他进入学校组织了一场校园宣讲会，向学生们详细介绍了这个项目，并鼓励他们将这个信息传递给他们的朋友和家人。再次，他还邀请了一些在区域内有公益知名度的人士作为嘉宾，在活动现场与参与者分享他们的人生经验和成长故事，以增加人们对项目的信任感和参与度。最后，他设计了一些宣传海报和宣传册，将它们张贴在公共场所和发放给社区居民。这些宣传资料上印有项目的标识、服务内容、联系方式等信息，以便更多的人了解和参与项目。

经过一段时间的推广，他的努力终于取得了成果：“阳光成长计划”得到了广泛的关注和参与，许多人都愿意为这个项目贡献自己的力量。

任务要求

1. 结合情境，请谈谈对项目宣传及推广的认识。

2. 假如你现在要宣传推广一个社会工作项目，以让项目被人民群众知晓，并让服务对象能够参与项目服务，你打算怎么做。

子任务1 项目的营销

工作任务

1. 通过课前阅读、文献查阅，了解什么是营销。

2. 通过小组讨论，归纳社会工作服务机构项目营销的特点及路径都有哪些。

知识准备

一、什么是营销

对于营销，科特勒给出的定义是：营销管理是计划和执行旨在影响目标受众行为的项目过程，通过创造和维持现有收益的交易实现个人和组织的目标。通过以上对品牌概念的阐述，可以推论出品牌营销的实质是以顾客为中心，将组织或产品的核心价值通过营销的方式展现给消费者的运营管理过程。品牌管理的最终目的是通过对消费者营销和行为的影响实现企业或组织的目标。品牌营销的着力点在于品牌的塑造和推广。

二、社会工作服务机构项目营销的特点

（一）不以营利为目标

相对于企业营销而言，社会工作服务机构项目营销的目标并不是为了追求利润，它具有利他性，是公益的。它始终考虑的是受众人群所获的利益问题，服务的目标和宗旨是为社会谋取公共福利。

（二）有较强的社会化性质

相对于企业，社会工作服务机构项目的收入来源并不是产品和服务，而是来自政府、个人或其他团体的支持和赞助。因此，在制定营销策略时，不仅要考虑受众对象的诉求，也要考虑赞助方的愿景，并且要最大化地链接社

会资源，降低成本，形成社会化营销。

（三）成效的评估难度

大企业可以根据某些量化的指标来评估营销的成效，比如可以通过销售额的增长来判断品牌营销的效果。但社会工作服务机构项目的评估标准是隐性的，它更加强调社会效益和心理效益。因此，其成果很难全面地作出评估和判断，需要一定的时间进行评估和消化。

三、社会工作服务机构项目营销的路径

（一）培育社会工作服务机构的营销文化

营销并非营销部门的职责，而是整个组织的共同任务。社会工作服务机构的每一名成员都是营销的主体，其行为表现影响着组织的发展。为此，社会工作服务机构的领导层应着眼于长远，增强危机意识，追求卓越，重视营销，从而引领整个组织重视营销。再者，要对每一名成员培养营销的意识，形成整个组织的营销文化。

（二）形成社会工作服务机构的营销战略规划

营销的战略规划包括本组织营销的地位、愿景、发展规划。社会工作服务机构要以使命为管理手段，营销是为机构使命服务的，将组织营销纳入本组织发展规划中，并形成与本组织特点适应的营销战略规划，这就为各个阶段的营销提供了指导方针。如果没有长久的战略规划，本组织的营销系统往往半途而废，组织长久的目标也无法得到保障。

（三）树立社会工作服务机构的正确品牌意识

社会工作服务机构在面对资源紧缺等问题时，树立起良好的品牌形象，对提高组织知名度、名誉度是一条有效的途径。而只有在社会工作服务机构拥有品牌意识的前提下，品牌营销才能有效地开展。精准的品牌定位是成功开展品牌营销的前提。社会工作服务机构准确的品牌定位可以是组织的产品和服务，并为更多的受众所认同，能在激烈的竞争中永葆活力。

（四）拓宽社会工作服务机构品牌项目的推广渠道

社会工作服务机构在确定品牌定位目标之后，接下来就应围绕着这一目标，将机构自身的品牌或是其产品和服务介绍给大众。这种介绍通常是借助某些传播手段来得以实现的。而丰富的传播渠道会为社会工作服务机构赢得更多的受众目标和更高的品牌知晓率。社会工作服务机构的传播渠道可以借助以下几种："互联网+"平台、广告、参与公共议题并争取新闻报道、人际传播等。

子任务2 项目推广的形式

工作任务

1. 通过课前阅读、文献查阅，收集各类社会工作项目的宣传及推广形式，选出前十种你认为最有效的项目推广方法。

2. 通过小组研讨，最终将选出前十种小组认为最有效的项目推广方法并将其梳理出来，在公众号上发布一篇文章。

知识准备

一、项目推广的意义

在社会发展的今天，我们越来越意识到社会工作的重要性。社会工作不仅可以帮助那些需要帮助的人，还可以促进社会的和谐与稳定。因此，社会工作项目的宣传和推广具有非常重要的意义。

首先，宣传和推广社会工作项目有助于提高公众对社会工作的认识和了解。许多人可能对社会工作的含义、目标和职责感到模糊，甚至完全不了解。通过宣传和推广，我们可以向公众普及社会工作的知识，让更多的人了解并认可社会工作的重要性和价值。

其次，宣传和推广社会工作项目可以吸引更多的资金和资源。社会工作需要充足的资金和资源来支持其发展，而这些资源往往需要通过各种渠道来筹集。通过宣传和推广，我们可以让更多的人了解社会工作所需的资金和资源，从而吸引更多的合作伙伴。

最后，宣传和推广社会工作项目还可以促进社会工作的专业化发展。社会工作需要不断发展和完善，以更好地满足社会的需求。通过宣传和推广，我们可以向公众展示社会工作的专业性和技术性，从而促进社会工作的专业化发展。

二、项目推广的形式

随着社会的发展，社会工作项目的宣传及推广的形式多种多样，以下是一些常用的项目推广形式。

（一）运用新媒体进行宣传推广

为使项目更具知名度及影响力，社会工作项目可以借助诸多新媒体，如视频号、公众号、小红书、微博、微信、抖音等平台，发布项目信息、活动动态、服务成效、财务使用情况等，在吸引更多人关注和参与的同时，增强项目服务的信任度及专业影响力。这里需要注意的是，进行项目宣传推广的过程中，必须要以确保合法合规及保障服务对象权益为前提。

（二）制作项目相关的宣传物料

如宣传册、海报、简报、期刊、作品集、成长手册、成果册等，一方面将项目介绍、活动内容、参与方式等信息以图文并茂的方式呈现；另一方面将项目服务成效及利益相关方的好评呈现，以增强项目知名度及品牌辨识度。而宣传渠道可以是将宣传物料分发到社区、学校、医院等公共场所，甚至将部分可以公示的资料通过新媒体平台进行展示。

（三）新闻媒体报道

通过撰写并发布活动通讯稿、项目执行过程中所发现的正能量故事、对项目服务进行新闻报道等方式，向公众介绍社会工作项目的背景、目的、实施情况、服务成效，提高项目的知名度和可信度。

（四）开展项目推广活动

组织各类项目成果展、项目宣讲会、项目经验分享会等活动，吸引社区居民参与，提高项目的社会影响力。

（五）通过合作伙伴推广

项目可以充分联动多元社会资源，与相关机构、企业建立友好合作关系，共同推广社会工作项目，扩大项目的覆盖面和参与度。

（六）制作项目微电影

项目可以改编成典型案例，通过拍摄微电影的方式，进一步宣传推广项目服务。

（七）让服务对象自发为项目代言，也称“口碑营销”

对于社会工作项目而言，最高级、最有效的方式莫过于由项目受益的服务对象发声，通过他们讲述自己在项目中所获得的帮助及成长，让更多人了解并认同项目服务。

（八）产出项目典型案例及经验文章

一个好的社会工作项目，必然有成功的服务经验值得学习及借鉴，因此，梳理、总结、提炼并最终产出项目典型案例及经验文章，并加以投稿发布，能够很大程度上提升项目的知名度及可信度。

（九）创造与项目相关的物品

如项目设计产出富含项目理念、核心价值观等元素的物品，并将其派发到目标受众群体手中，以此来建立项目与受众群体之间的品牌连接。

任务实施

某社会工作服务机构留意到B社区中有较多的特殊儿童，包括自闭症儿童、残疾儿童、多动症儿童等，基于需求评估，机构计划策划一个服务项目，旨在帮助这些特殊儿童的照顾者得到情绪疏导、情感支持、技能提升。

任务设计：请帮助案例中的服务项目起一个好的项目名称。

1. 活动目的：加深学生对“项目品牌建设”的认识，提升学生“为项目起名”的技能。

2. 活动形式：以小组为单位参与，对案例进行讨论发言，并最终选出一个用于参赛的“项目名称”。

3. 活动时间：30 分钟。

4. 活动步骤：

步骤一：充分分析案例并填写下表。

项目对象	项目理念	项目目的	项目内容	预期效果
小组用于参赛的“项目名称”				

步骤二：各小组派代表展示并讲解“项目名称”。

任务点评

组别	评价内容（分值）					
	精确性（20 分）	正向性（20 分）	传播性（20 分）	创新性（20 分）	辨识度（20 分）	总分（100 分）
第 1 组						
第 2 组						
第 3 组						
第 4 组						
第 5 组						
第 6 组						
总评价备注						

拓展练习

案例：

“遇见未来最好的自己”项目是一个青少年生涯规划教育项目，旨在促进学生全面可持续发展，帮助学生及早做好人生规划而开展的有计划、有目的的教育服务活动。

项目根据青少年的心理特征，通过“学校＋社工”联动的方式，以体验式学习为理论依据，从自我认知、外部探索、生涯决策3个目标维度着手，让青少年“在做中学”，从而认识和了解自己，并根据自己的兴趣爱好、性格特点、能力优势以及外部环境确定未来的发展方向。项目已经进行了5年，形成了一套可复制、可借鉴的实践模式。

“织梦计划”从“自我认知、外部探索、生涯决策”3个目标维度切入，通过创设织梦讲堂、引导学生体验织梦工场、构建青少年织梦团队、模拟织梦超市4个板块，帮助青少年增强生涯规划意识及动机、提升规划技巧及能力，促使其作出生涯决策并在实践中付诸行动。

思考：

（1）请结合材料，找出你认为符合社会工作项目品牌建设要求的内容，并说明原因。

____

____

____。

（2）请你帮助项目制订一个项目推广计划。

____

____

____。

参考文献

［1］王思斌 . 社会行政（第二版）［M］. 北京：高等教育出版社，2013.

［2］王思斌 . 社团的管理与能力建设［M］. 北京：中国社会出版社，2003.

［3］赵海林 . 社会服务项目运作实务［M］. 北京：中国人民大学出版社，2018.

［4］彼得 · M. 克特纲，罗伯纳 · M. 莫罗尼，劳伦斯 · L. 马丁 . 基于效能的项目设计和管理（第四版）［M］. 刘英，译 . 广州：华南理工大学出版社，2016.

［5］卢长宝 . 项目策划（第二版）［M］. 北京：电子工业出版社，2013.

［6］时立荣 . 社会工作行政［M］. 北京：中国人民大学出版社，2015.

［7］彭华民 . 论需要为本的中国社会福利转型的目标定位［J］. 南开学报（哲学社会科学版），2010（4）：52–60.

［8］赵海林，于晓琪，王倩 . 社会工作服务项目在福利机构中的运用［J］. 教育教学论坛，2012（36）：160–161.

［9］项目臭皮匠 . 项目百子柜［M］. 北京：中国社会出版社，2017.

［10］张欣欣 . 浅谈社会项目评估中的需求评估［J］. 佳木斯教育学院学报，2013（3）：11.

［11］广州市汉达社会工作服务中心 . 用项目管理释放社工的力量：一本给社工的项目管理工具书［M］. 北京：中国社会出版社，2018.

［12］甄霖 . “问题树分析法”：区域发展研究的有效分析方法［J］. 科研管理，2000（5）：103–107.

［13］费明晶 . 社会工作项目管理研究［D］. 咸阳：西北农林科技大学，

2019.

［14］黄松林，赵善如，陈宇嘉．社会工作方案设计与管理［M］．台北：华杏出版股份有限公司，2005.

［15］陈文良，金胥棣，张惠萍，等．以“成效评量”为导向之方案设计手册［M］．台北：私立胜利身心障碍潜能发展中心，2003.

［16］蔡启源．方案规划与服务评鉴（第二版）［M］．台北：双叶书廊有限公司，2018.

［17］顾东辉．社会工作评估［M］．北京：高等教育出版社，2009.

［18］顾东辉．社会工作概论（第二版）［M］．北京：复旦大学出版社，2020.

［19］顾东辉．社会工作实务中的需求评估［J］．中国社会导刊，2008（33）：43.

［20］梁伟康．社会服务机构行政管理与实践［M］．香港：香港集贤社，2009.

［21］全国社会工作者职业水平考试教材编写组．2020 社会工作综合能力（中级）［M］．北京：中国社会出版社，2020.

［22］王世强．社区服务项目设计［M］．北京：中国社会出版社，2018.

［23］张伟娜．南宁市青少年社会工作项目过程管理研究［D］．南宁：广西大学，2017.

［24］徐本亮．如何撰写项目计划书［J］．中国社会工作，2018（6）：46–47.

［25］唐娇华．社会工作服务项目申报书的撰写技巧［J］．工作指导，2017（2）：5+10.

［26］Project Management Institute. 项目管理知识体系指南（第五版）［M］．北京：电子工业出版社，2013.

［27］杨俊．浅谈如何开展招投标准备工作［J］．中国房地产业，2013（4）.

［28］曹胜量，王丽君．编制合同与标书制作实训教程［M］．武汉：华中科技大学出版社，2012.

［29］赵国先．招标投标评标实务（第三版）［M］．上海：上海交通大学

出版社，2016.

［30］翁慧圆．方案设计与评估［M］．台北：洪叶文化事业有限公司，2016.

［31］W.K.Kellogg Foundation. 逻辑模式发展指南［M］．台北：巨流图书有限公司，2010.

［32］范雅娜．规制与自主：一线社工的项目实施逻辑［D］．上海：上海大学，2016.

［33］蔡佳蓉．昆山市陆家镇社区服务社会化项目管理研究［D］．扬州：扬州大学，2018.

［34］黄碧华．老年服务项目绩效评估指标的建构研究［D］．上海：上海师范大学，2019.

［35］万琳．青少年社会工作项目运作过程中存在的问题和对策研究［D］．武汉：华中师范大学，2019.

［36］梁建雄．社工、写工、写功［J］．中国社会工作，2020（16）：47.

［37］方巍，祝建华，何铨．社会项目评估［M］．上海：格致出版社．2012：13.

［38］董奇，申继亮．心理与教育研究法［M］．杭州：浙江教育出版社，2005.

［39］张昱，费梅苹，厉济民，等．禁毒社会工作同伴教育服务模式研究：上海实践［M］．上海：华东理工大学出版社，2016.

［40］李晓凤．禁毒社会工作的“精细化”标准研究［M］．北京：中国社会出版社，2017.

［41］风笑天．社会研究方法（第五版）［M］．北京：中国人民大学出版社，2018.

［42］刘静林．禁毒社会工作理论与方法［M］．北京：中国社会出版社，2016：190–191.

［43］陆士桢，王玥．青少年社会工作［M］．北京：社会科学文献出版社，2016.

［44］方巍，张晖，何铨．社会福利项目管理与评估［M］．北京：中国社会出版社，2010.

［45］叶倩怡．社会工作评估存在的问题与反思：以广州市家庭综合服务中心项目评估为例［J］．发明与创新（职业教育），2018（6）：50–51.

［46］毕垣．非营利组织品牌营销现状、问题与对策的研究［D］．南昌：江西财经大学，2016.

［47］丁宇玲．非营利组织品牌营销现状与对策［J］．现代营销（下旬刊），2019（10）：81–82.

［48］陈玉宇．广州市社会工作服务机构品牌建设研究［D］．广州：广东工业大学，2019.

［49］胡丰林．基于利益相关者的社会组织品牌建设途径探析［J］．绥化学院学报，2023（2）：17–20.

［50］汤卢芸，徐翀．解析非营利组织品牌传播［J］．中小企业管理与科技（中旬刊），2017（4）：79–81.

［51］徐腊凤，史秋霞．近十年我国社会组织品牌建设的研究回顾与展望［J］．长春理工大学学报（社会科学版），2021，34（2）：58–63.

［52］秦恒．中国非营利组织品牌营销战略研究［D］．上海：复旦大学，2011.

［53］张雪峰，杨超．中国民办社会工作机构引入营销理念的路径探索［J］．社会福利（理论版），2013（10）：26–30.

［54］方英．论社工机构差异化、品牌化发展：以广州市为例［J］．社会工作与管理，2016，16（4）：5–12+98.